Sommario

Prefazione

Pëtr Alekseevič Kropotkin nasce a Mosca il 9 dicembre del 1842. Di famiglia aristocratica, dopo aver prestato servizio militare tra i cosacchi in Siberia, a trent'anni lascia la Russia e si stabilisce a Ginevra dove incontra l'anarchico Michail Bakunin, aderisce al movimento anarchico e con il nome di battaglia "Boradin" e partecipa attivamente all'attività politica e rivoluzionaria aderendo ai movimenti sindacali e rivoluzionari del tempo.

Per Kropotkin il determinismo scientifico e l'etica umana non possono che liberare l'uomo da qualsivoglia autorità e dispotismo politico, entrambi i fenomeni hanno segnato il progresso della Società umana dagli albori fino alla nascita dello Stato moderno.

E' il corso della natura che determina gli eventi, il despota, l'uomo forte, il combattente solitario ed individualista è destinato a fallire, perché non può cambiare il corso della storia, può solo ritardarla, creando inutili sofferenze.

Il testo che tratta del mutuo appoggio prima tra gli animali, poi tra gli uomini primitivi e i barbari, viene concepito in un periodo storico segnato da Darwin e dalla sua opera principale: "L'origine della specie"(1859).

Il Darwinismo sociale inteso come *"struggle for life and death"* viene adottato da molti pensatori ed intellettuali del periodo (Herbert Spencer, Thomas Hobbes, ecc.), in quel periodo storico, sembra che la lotta per la vita e la supremazia siano sempre state la regole delle comunità umane, che la competizione e la lotta che purifica la razza, stermina i più deboli e seleziona i più forti sia sempre stato il volano del progresso umano, questa interpretazione data da alcuni filosofi alla ricerca scientifica di Darwin sembra in realtà una forzatura e Darwin stesso non riconobbe mai il valore scientifico di questa filosofia di legittimazione del potere.

Secondo Kropotkin, il Darwinismo sociale non è altro che una manipolazione del pensiero di Darwin, la competizione e la lotta per la vita esiste, ma non è la regola tra gli animali e le specie umane primitive analizzate dal filosofo russo; molto più spesso, in natura, è praticato il mutuo appoggio tra le popolazioni di una stessa razza o specie animale.

Nel mondo animale le specie meglio organizzate dal punto di vista sociale e del mutuo appoggio sono proprio quelle destinate a sopravvivere alle carestie ed alle difficoltà ambientali, mentre le specie che non vivono in gruppo e che non si aiutano vicendevolmente, anche se forti individualmente, sono proprio quelle destinate a soccombere.

Analizzando le comunità umane primitive, Kropotkin osserva che la regola è la cooperazione e la condivisione delle risorse economiche, la terra viene lavorata dalla comunità ed i suoi frutti distribuiti tra tutti i componenti della collettività.

Nel comune rurale siberiano, come in quello africano o australiano la proprietà terriera era comune e gli usi e costumi che permettevano la coabitazione pacifica, che prevenivano le guerre e le tensioni tra la popolazione e che distribuivano le risorse erano da tutti accettati e condivisi.

Dalle analisi di Kropotkin possiamo osservare che le comunità costrette a vivere in ambienti ostili, dove la lotta per la sopravvivenze si fa più aspra, sono quelle più coese dal punto di vista sociale e che fanno maggior ricorso al mutuo appoggio.

D'altro canto la relativa prosperità economica che sta vivendo il mondo occidentale ai nostri tempi ha, al contrario, fatto aumentare l'individualismo, l'egoismo e l'accumulo della ricchezza, la condivisione delle risorse con i più deboli non è più un valore, ma una seccatura. La coesione sociale non esiste più ed il mutuo appoggio non sembra più utile all'uomo moderno.

E' un nuovo corso della storia? L'uomo abbandonerà definitivamente il mutuo appoggio per avventurarsi solitario alla conquista della felicità, della ricchezza e della supremazia sugli altri o questa breve parentesi storica si chiuderà, lasciando come al solito agli uomini di buona volontà il compito di costruire una nuova e più equa società?

La nascita dello Stato moderno asserisce Kropotkin è relativamente recente rispetto alla storia dell'uomo.

Ebbene lo Stato moderno non ha fatto altro che prendere semplicemente possesso, nell'interesse di una ristretta minoranza, di tutte quelle funzioni giudiziarie, economiche, amministrative esercitate e condivise precedentemente nell'interessi della comunità rurale.

Carlo Mera

MUTUO APPOGGIO NEGLI ANIMALI

Il principio di lotta per l'esistenza come elemento specifico e diretto di evoluzione indicato da Darwin e da Wallace, ci ha posto nella condizione di raggruppare in un'unica categoria molti fenomeni ad esso legati suggerendoci altresì speculazioni di carattere filosofico, biologico; sociologico. I fenomeni di adattamento funzionale e strutturale degli esseri organizzati al loro ambiente, l'evoluzione fisiologica e anatomica, il progresso intellettuale e lo sviluppo morale, ai quali attribuivamo origini diverse, vennero indicati da Darwin e riuniti in un'unica concezione generale. Vi riconobbe uno sforzo continuo, una lotta contro le circostanze sfavorevoli per lo sviluppo degli individui, delle razze, delle specie e delle società, tendente al massimo della pienezza, della varietà e della intensità della vita.

Forse, Darwin, all'inizio non si rese conto dell'importanza di quell'elemento atto a spiegare una sola serie di fatti relativi alla somma delle variazioni individuali all'origine di una specie. Egli previde che l'indicazione di una lotta tra individui isolati per la sola conservazione della specie, se introdotta nella scienza, avrebbe perso il suo senso filosofico; il solo vero se usato nella sua valenza. Nei primi capitoli della sua opera egli insiste perché l'indicazione venga intesa nel « senso largo e metaforico, comprendente la dipendenza degli esseri fra loro e (elemento più importante) non soltanto la vita dell'individuo, ma anche il successo della sua discendenza ». Sebbene egli stesso, per necessità di metodo, abbia usato tale indicazione nella sua accezione come fondamentale, suggerì di non incappare nell'errore di interpretare nel suo stretto significato tale indicazione. Nella ORIGINE DELL'UOMO ha scritto infatti pagine pregnanti per spiegare il senso proprio. Nota come la lotta per l'esistenza fra gli individui isolati sparisca almeno in moltissime società animali. Nota ancora come questa lotta sia sostituita dalla COOPERAZIONE e come questa sostituzione intervenga sulle facoltà intellettuali e morali che assicurano alla specie una sopravvivenza migliore. Ne deduce quindi che i più adatti non sono né i più forti, né i più astuti, ma quelli che sanno sostenersi reciprocamente per lo sviluppo della loro comunità. « Le comunità — scrive — composte da un maggiore numero di membri simpatici gli uni agli altri, prosperano meglio e si riproducono più rapidamente ». Cosi, la ristretta idea Malthusiana della concorrenza si andava ampliando nello spirito di un osservatore che conosceva la natura.

Purtroppo questi dati risultano sommersi da altri, rivolti a dimostrare le conseguenze di una reale competizione per la vita. Inoltre, Darwin, non analizzò mai l'importanza relativa dei due aspetti di tale competizione, né scrisse, come si proponeva, sugli ostacoli naturali alla eccessiva riproduzione animale; una opera simile avrebbe rappresentato la pietra di paragone dell'esatto valore della lotta individuale. Di più, anche nell'esposizione dei fatti confutanti la ristretta concezione malthusiana della lotta, è presente il vecchio spirito malthusiano: Darwin osserva, per esempio, che il mantenere « i deboli di spirito e di corpo » nelle nostre società civili, presenta inconvenienti . E gli innumerevoli poeti, saggi, scienziati, riformatori, etc, deboli di corpo o malati? E le migliaia di cosiddetti « pazzi » o a entusiasti » deboli di spirito? Non hanno rappresentato entrambi le armi più preziose dell'umanità nella sua lotta per l'esistenza — armi intellettuali e morali, come del resto ha affermato lo stesso Darwin nei capitoli della sua ORIGINE DELL'UOMO?). La teoria di Darwin, come tutte le teorie concernenti i rapporti umani, è stata dai suoi epigoni limitata piuttosto che sviluppata; mentre Herbert Spencer, basandosi su proprie osservazioni, tentava di ampliare il problema, ponendo la questione « quali sono i più adatti? », tutti gli altri riducevano la lotta per l'esistenza al suo significato più ristretto, concludendo che il mondo animale è un campo di lotta continua tra individui affamati e assetati di sangue, e suggerendo alla letteratura moderna il grido guerriero «Guai ai vinti!, come se ciò fosse l'ultima parola della biologia moderna. Essi elevarono la « lotta senza pietà » a principio biologico soltanto per un interesse personale; secondo tale principio il mondo risulta fondato sul reciproco sterminio e, se l'uomo vuole sopravvivere deve accettarlo totalmente. Mettendo da parte la teoria degli economisti bisogna purtroppo notare che anche i più autorevoli interpreti di Darwin hanno fatto del tutto per mantenere in vita queste idee false.

Huxley, per esempio — uno dei migliori interpreti della teoria evoluzionistica — nel suo articolo «Struggle for existence and its hearing upon man », dice: « dal punto di vista morale, il mondo animale somiglia a un combattimento di gladiatori: i suoi componenti sono trattati ottimamente e inviati al combattimento in cui i più forti, astuti e vivaci sopravviveranno per combattere un altro giorno. Lo spettatore non può nemmeno abbassare il pollice: non ne ha il tempo ». E più avanti: fra gli animali ed i primitivi « i più deboli e i più stupidi venivano schiacciati; i più resistenti e astuti, ma non migliori sotto altri rapporti, sopravvivevano superando le circostanze avverse. La vita era una perpetua lotta aperta, e, a parte i vincoli familiari, limitati e temporanei, la guerra di ciascuno contro tutti, di cui parla Hobbes, era lo stato normale dell'esistenza ». Più in là dimostreremo come tutto ciò sia falso; ma fin d'ora possiamo notare che le opinioni di Huxley non hanno valenza scientifica, come non ne ha l'opposta teoria del Rousseau che fondava la natura sull'amore, la pace e l'armonia, distrutti dall'avvento dell'uomo.

D'altronde, per dimostrare la sociabilità animale e l'inesistenza di un campo di strage nella natura, come pure l'esagerata concezione del Rousseau, basta una passeggiata nella foresta, o uno sguardo a qualsiasi società animale, o anche la lettura di una qualsiasi opera seria che tratti della vita animale (d'Orbigny, Audubon, Le Vaillant, etc). Se Rousseau ha negato il principio della lotta « con il becco e con le unghie » Huxley ha commesso l'errore opposto; ma né l'ottimismo del primo, né il pessimismo del secondo, possono essere accettati come imparziale interpretazione della natura.

Studiando gli animali, non solo nei laboratori e nei musei, ma anche nelle foreste e praterie, nelle steppe e sulle montagne, notiamo chiaramente che oltre alla guerra, fra le diverse classi animali, esiste, forse in maggior misura, il mutuo sostegno, l'aiuto reciproco e la mutua difesa.

La sociabilità è legge naturale quanto la lotta. Indubbiamente è difficile stabilire la preminenza di uno di questi due fattori; ma se cerchiamo una testimonianza indiretta e chiediamo alla natura: « chi sono i più adatti: quelli che lottano continuamente tra di loro o quelli che si aiutano a vicenda? », notiamo che sopravvivono più facilmente gli animali che hanno acquisito abitudini di solidarietà. Di più, essi raggiungono, nelle loro rispettive classi, il più alto sviluppo di intelligenza e organizzazione fisica. Sicché, valutando opportunamente tutta una serie di fatti a sostegno di tali affermazioni, possiamo dire con certezza che il mutuo appoggio è una legge di vita animale come la lotta reciproca; ma, come fattore evolutivo, il primo è più importante in quanto determina le abitudini ed i caratteri necessari alla conservazione ed allo sviluppo della specie; oltre al fatto che esso consente, con minore usura di forze, maggiore benessere e felicità per ogni individuo.

Di tutti i continuatori di Darwin, il primo a sottolineare l'importanza del mutuo appoggio in quanto LEGGE DELLA NATURA E PRINCIPALE ELEMENTO DI EVOLUZIONE PROGRESSIVA fu. secondo me, uno zoologo russo molto noto: il decano dell'università di Pietrogrado, prof. Kessler, che sviluppò l'idea in un suo discorso del gennaio 1880, qualche mese prima della sua morte, davanti ad un congresso di naturalisti russi; ma, come molte altre buone cose pubblicate solo in russo, questo notevolissimo discorso rimase quasi sconosciuto. « Nella sua qualità di vecchio zoologo » egli "protestò contro l'abuso dell'espressione — la lotta per la esistenza — applicata alla zoologia; diceva che in tutte le scienze che trattano l'uomo, si insiste troppo sulla cosiddetta legge spietata della lotta per la vita. Non si considera, invece, l'esistenza di un'altra legge, molto più importante, e cioè, quella del mutuo appoggio fra gli animali. Faceva notare che è la necessità di allevare la propria prole a riunire gli animali, e che « a maggiori unioni corrisponde un maggior sostegno reciproco, sicché aumentano le possibilità di sopravvivenza e di sviluppo intellettuale ». E ancora: «tutte le classi animali — e soprattutto le più elevate — praticano l'aiuto reciproco »; e sosteneva tale affermazione con esempi presi dalla vita dei necrofori, degli uccelli e di alcuni mammiferi. Gli esempi, trattandosi di una prolusione, non erano molti; ma i punti essenziali venivano dimostrati; e dopo aver notato che per l'evoluzione umana l'aiuto reciproco ha un'importanza ancora maggiore, Kessler concludeva: « Ovviamente non nego la lotta per l'esistenza, ma sostengo che il progressivo sviluppo animale e soprattutto umano, è più favorito dal mutuo appoggio che dalla lotta reciproca... Tutti gli esseri organizzati hanno due bisogni essenziali: nutrizione e propagazione della specie. Il primo porta alla lotta ed allo sterminio reciproco; il secondo al vicendevole accostamento e sostegno. Ma credo che nell'evoluzione del mondo organico e nella modificazione progressiva dei suoi esseri, intervenga più beneficamente il mutuo appoggio che non la lotta reciproca » .

L'esattezza di queste osservazioni colpì la maggior parte degli zoologi presenti, e Siévertsoff, molto noto a ornitologi e geografi, le confermò avvalorandole con nuovi esempi (alcune specie di falchi praticano il mutuo appoggio).

« D'altra parte — disse — considerate l'anitra che è un uccello socievole; ii suo organismo non è perfetto, ma pratica il mutuo appoggio, e copre quasi tutta la terra con le sue innumerevoli varietà e specie ». Gli zoologi russi accolsero naturalmente le idee del Kessler in quanto avevano già studiato il mondo animale nelle grandi regioni disabitate dell'Asia settentrionale e della Russia orientale; ma è impossibile studiare simili regioni senza essere spinti dalle stesse idee.

Ricordo l'impressione avuta dagli animali siberiani quando esplorai la regione del Vitim con il mio amico zoologo Poliakoff.

Entrambi ancora suggestionati dall'ORIGINE DELLE SPECIE, cercammo inutilmente le prove della dura concorrenza tra animali della stessa specie; notammo — d'accordo - certi adattamenti per la lotta (molto spesso per la lotta in comune) contro le avverse condizioni climatiche o contro svariati nemici (Poliakoff scrisse bellissime pagine sulla reciproca dipendenza dei carnivori, dei ruminanti e dei roditori, per quanto riguarda la loro distribuzione geografica); ma notammo, per contro, moltissimi fatti di aiuto reciproco, specie durante le migrazioni di uccelli e ruminanti e nelle regioni dell'Amùr e dell' Ussuri dove la vita animale è intensissima.

La medesima impressione si prova leggendo la maggior parte delle opere di zoologi russi; ed è per questo che le idee del Kessler trovarono immediata eco nei darwinisti russi, mentre quelli dell'Europa occidentale non le considerarono minimamente.

Studiando la lotta per l'esistenza nel suo duplice senso (proprio e metaforico) ciò che colpisce subito è l'abbondanza dei fatti di aiuto reciproco, non solo per l'allevamento della prole, ma anche per la sicurezza dell'individuo e per assicurargli il nutrimento necessario. In molte categorie del regno animale, lo aiuto reciproco è regola. Si nota mutuo appoggio anche fra animali inferiori, e forse un giorno gli osservatori che studiano al microscopio la vita acquatica scopriranno dei fatti di mutuo appoggio incosciente anche fra i microrganismi. E' vero che noi conosciamo poco gli invertebrati ad eccezione delle termiti, delle formiche e delle api; tuttavia anche da essi possiamo ottenere delle dimostrazioni di cooperazione. Le moltissime associazioni di cavallette, di farfalle, di cicìudelle, di cicale, etc, in realtà sono quasi sconosciute; ora la loro stessa esistenza dimostra che la loro organizzazione è press'a poco simile a quella delle formiche e delle api quando si associano temporaneamente per le migrazioni. Quanto ai coleotteri notiamo mutuo appoggio nei necrofori ai quali serve della materia organica in decomposizione per la deposizione delle loro uova e per nutrire le larve; ma tale materia organica non deve decomporsi troppo rapidamente: sicché essi hanno l'abitudine di sotterrare dei cadaveri di ogni specie di piccoli animali. Di solito vivono isolati; ma quando uno di essi scopre un cadavere di topo o di uccello che difficilmente potrebbe seppellire da solo; chiama quattro o sei altri necrofori in aiuto, e insieme trasportano il cadavere in un terreno molle per seppellirlo, dimostrando così il loro buon senso, senza litigare per la scelta di quello che avrà il privilegio di deporre le uova nel corpo dell'animale sepolto. E quando Gledditsch attaccò un uccello morto ad una croce fatta con due bastoni, o sospese un rospo ad un bastone piantato nel suolo, notò i piccoli necrofori unire d'accordo le loro intelligenze per vincere l'astuzia dell'uomo.

Anche dagli animali a bassissimo grado di organizzazione possiamo ottenere simili esempi. Alcuni granchi di terra delle Indie Occidentali e dell'America del nord, si riuniscono in grossi branchi per raggiungere il mare in cui depongono le uova. Ciascuna di queste migrazioni suppone accordo, cooperazione e mutua assistenza. Il grande granchio delle Molucche (Limulus) mi colpi nel 1882, nell'acquario di Brighton, perché, così goffo, era capace di dar prova di aiuto reciproco soccorrendo un compagno in pericolo. Uno di essi era caduto sul dorso in un angolo del serbatoio, e il suo guscio pesante, a casseruola, gli impediva di rialzarsi, tanto più che una sbarra di ferro lo ostacolava. I suoi compagni corsero in suo aiuto, e per un'ora intera osservai i loro sforzi diretti a liberare il compagno. A due alla volta, spinsero il loro amico da sotto, e dopo sforzi energici, riuscirono a sollevarlo; a questo punto la sbarra di ferro li ostacolava, il granchio ricadeva pesantemente sul dorso. Dopo molti tentativi uno dei salvatori scese sul fondo del serbatoio e condusse altri due granchi con i quali ricominciò a spingere e sollevare il loro compagno. Restai nell'acquario più di due ore, e prima di andar via rivolsi un ultimo sguardo al serbatolo: il lavoro di soccorso continuava ancora! Dopo ciò, non ho potuto non credere all'osservazione del Dr. Erasmus Darwin, secondo cui « il granchio comune, durante la stagione della muta, mette di guardia un granchio dal guscio duro non ancora mutato, per impedire agli animali marini nemici di nuocere agli individui in muta, ancora indifesi ».

Le prove dell'aiuto reciproco fra termiti, formiche ed api, sono cosi ben conosciute tramite le opere del Forel, del Romanés, di L. Buchner e di John Lub-bock, che posso limitarmi ad alcune indicazioni. Se, per esempio, esaminiamo un formicaio, non solo si nota mutuo appoggio nell'allevamento della prole, negli approvvigionamenti, costruzioni, allevamento degli afidi, etc., ma vediamo, con Forel, che le caratteristiche fondamentali della vita di molte specie di formiche consistono nell'obbligo, per ogni formica, di dividere il proprio nutrimento, già ingoiato e in parte digerito, con tutti quei membri della comunità che glielo chiedono. Due formiche di due specie diverse o appartenenti a due formicai nemici, quando s'incontrano, si evitano. Ma due formiche dello stesso formicaio, o della stessa colonia, si avvicinano, si scambiano movimenti delle antenne e « se una di esse ha fame o sete, soprattutto se l'altra è sazia, essa gli domanda subito del nutrimento » La formica sollecitata non rifiuta mai: apre le mandibole e mettendosi in posizione rigurgita una goccia dì liquido trasparente subito leccato dalla compagna. Ciò è caratteristico nelle formiche in libertà, ed esse vi ricorrono cosi spesso per nutrire le compagne affamate o le larve che Forel pensa abbiano il tubo digerente diviso in due parti: la posteriore per l'uso individuale e l'anteriore ad uso della comunità.

Se una formici sazia è tanto egoista da rifiutare il nutrimento ad una compagna, essa sarà trattata come una nemica o peggio. Se rifiuta mentre le sue compagne stavano per battersi contro un altro gruppo di formiche, esse ti getteranno sulla formica avara con una violenza superiore a quella usata sulle stesse nemiche. E se una formica ha nutrito una di specie diversa, essa sarà trattata da amica dalle compagne di quest'ultima. Tutti questi fatti trovano riscontro nell'esperienza. In questa vastissima categoria animale comprendente più di mille specie, cosi numerosa da far dire ai brasiliani che il Brasile appartiene alle formiche e non agli uomini, la concorrenza fra i membri di uno stesso formicaio, o di una stessa colonia, non esiste.

Per quanto terribili siano le guerre tra le diverse specie, e malgrado le atrocità commesse in tempo di guerra, il mutuo appoggio nella comunità, la rinuncia individuale diventata abitudine, e molto spesso il sacrificio dell'individuo per ti benessere comune, rappresentano la regola. Formiche e termiti hanno ripudiato la « legge di Hobbes » sulla guerra, e se ne trovano benissimo. Le loro meravigliose abitazioni, le loro costruzioni relativamente più grandi di quelle umane; le loro sale e granai speciali;

I campi di grano, i raccolti, le operazioni per trasformare i grani in malto , i metodi razionali per curare uova e larve, e per costruire nidi speciali per l'allevamento degli afidi che Linneo ha definito pittorescamente « vacche delle formiche »; il loro coraggio, la prontezza e l'alta intelligenza; tutto ciò è naturale prodotto di mutuo appoggio da esse praticato in ogni grado della loro vira attiva e laboriosa.

Inoltre, questa maniera di vivere, ha prodotto necessariamente un grande sviluppo dell'iniziativa individuale che, a sua volta, ha condotto allo sviluppo di quella intelligenza elevata e molteplice della quale qualsiasi osservatore rimane colpito. Anche basandoci soltanto sulla conoscenza della vita delle formiche e delle termiti, potremmo già concludere con certezza che il mutuo appoggio (causa di reciproca fiducia che è la condizione prima del coraggio) e l'iniziativa individuale 'base del progresso intellettuale), sono due elementi molto più importanti della lotta reciproca nella evoluzione del mondo animale.

La formica, infatti, vive senza nessuno degli organi di protezione di cui dispongono gli animali che vivono isolati. Il suo colore la rende facilmente individuabile al nemico, e gli alti formicai che costruisce sono chiaramente visibili nelle praterie e nelle foreste; nessun guscio duro la protegge, e il suo pungilione, efficace se usato collettivamente in modo da forare con migliaia di punture la carne di un animale, non ha valore per la difesa individuale: le nova e le larve delle formiche rappresentano facile cibo per un gran numero di abitanti le foreste. Tuttavia, riunite in società sono poco attaccate da uccelli e formichieri, e fanno paura ad insetti molto più forti. Forel, vuotando un sacco pieno di formiche in una prateria, vide i grilli fuggire dalle loro tane che abbandonarono al saccheggio delle formiche; le cicale salvarsi in tutte le direzioni; i ragni, gli scarabei e gli stafìlini abbandonare le loro prede per non diventare prede essi stessi; perfino i nidi delle vespe furono occupati, anche se dopo una battaglia in cui molte formiche morirono per la comune salvezza. Anche gli insetti più vivaci soccombono, e Forel vide più volte farfalle, zanzare, mosche, etc, sorprese ed uccise dalle formiche. La loro forza consiste nella mutua assistenza e nella reciproca fiducia; e se la formica — a parte le termiti, ancora più sviluppate — si trova in cima a tutta la classe degli insetti per le sue capacità intellettuali; se il suo coraggio è paragonabile soltanto a quello dei più coraggiosi vertebrati; e se il suo cervello, per dirla con Darwin, « è uno dei più meravigliosi atomi di materia del mondo, superiore forse perfino al cervello umano », non è perché alla lotta reciproca hanno sostituito il mutuo appoggio?

Anche le api somigliano alle formiche. Piccoli insetti insidiati dagli uccelli, e per il loro miele dagli orsi, fino ai coleotteri, essi, come le formiche, non dispongono di mezzi di protezione efficaci (mimetismo, etc.), senza i quali un insetto isolato quasi certamente non potrebbe sfuggire a una totale distruzione. Ma tramite il mutuo appoggio essi raggiungono quella grande diffusione e intelligenza che noi ammiriamo. Lavorando collettivamente moltiplicano le energie individuali: divisione del lavoro e specializzazione permettono loro di acquistare quel grado di benessere c di sicurezza che nessun animale isolato può raggiungere, per quanto forte e bene armato. Spesso lai loro associazione è più fruttuosa di quella umana non perfettamente organizzata. Sicché, quando un nuovo sciame sta per lasciare il vecchio alveare, alla ricerca di uno nuovo, alcune api fanno prima di tutto una accurata ricognizione delle vicinanze e. trovato il luogo adatto — un vecchio paniere o qualcosa di simile — se ne appropriano», lo puliscono e lo sorvegliano talvolta per un'intera settimana, finché tutto lo sciame non vi si è sistemato. Quanti coloni umani ci lasciano la pelle per non essere stati prudenti e solidali come le api? Unendo le loro intelligenze esse superano perfino ostacoli totalmente imprevisti e straordinari. All'Esposizione di Parigi (1869), alcune api erano state poste in un alveare fornito di una lastra si vetro perché il pubblico, tramite uno sportello attaccato alla lastra stessa, potesse guardarvi; poiché la luce causata dall'apertura continua dello sportello le disturbava, le api finirono con il saldarlo alla lastra tramite la propoli resinosa.

Inoltre, esse non dimostrano inclinazioni sanguinane, né amore per inutili combattimenti. Le sentinelle dell'alveare uccidono senza pietà le ladre di miele; ma se api straniere vengono all'alveare per errore (giovani api, spesso cariche di polline), allora non vengono attaccate: la guerra deve farsi solo se strettamente necessaria. La sociabilità delle api è tanto più pregevole in quanto gli istinti del saccheggio e della pigrizia esistono anche tra di loro, e si manifestano se favorite da circostanze. Alcune api preferiscono il saccheggio al lavoro, e Ì periodi di carestia come quelli di abbondanza determinano una recrudescenza dei furti. Quando il raccolto è stato fatto nelle praterie o nei campi rimane molto poco da succhiare, le api ladre aumentano; d'altra parte, nelle piantagioni di canna da zucchero delle Indie occidentali o nelle raffinerie d'Europa, il furto, la pigrizia e spesso l'ubriachezza, diventano nelle api assolutamente normali. Sicché notiamo che gli istinti asociali esistono anche tra PORTATRICI DI MIELE; ma la selezione naturale dovrà costantemente eliminarle in quanto, a lungo andare, la pratica della solidarietà si dimostra molto più conveniente dello sviluppo dei predatori. « Le più astute e aggressive » vengono eliminate a favore delle fautrici di una vita sociale e del mutuo appoggio.

Certo né le formiche, né le api, e nemmeno le termiti hanno realizzato la solidarietà della specie; ma in fondo neppure i nostri organi politici, scientifici e religiosi hanno raggiunto tale grado di sviluppo. I loro istinti sociali si fermano all'alveare o al formicaio. Tuttavia, colonie di almeno duecento formicai, appartenenti a due specie diverse di formiche (Formica exsecta e formica pressilabris), sono state descritte dal Forel che le ha scoperte sul monte Tendrc e sul Salive.

Forel sostiene che i membri di questa colonia si riconoscono a vicenda e che in solido partecipano alla comune difesa. In Pensilvania, il signor Mac Kook notò una colonia di circa 1700 formicai viventi in perfetto accordo; il signor Bates ha descritto i monticelli delle termiti occupanti grandi superfici di CAMPOS: alcuni di tali monticelli sono rifugi di due o tre specie diverse, e la maggior parte intercomunicanti tramite arcate e gallerie. Anche tra gli invertebrati possiamo notare esempi di associazione di grandi masse d'individui per la protezione reciproca. Considerando gli animali più elevati, troviamo un maggior numero di esempi di mutuo appoggio indubbiamente cosciente; ma dobbiamo riconoscere che i nostri dati sugli animali superiori sono ancora molto incompleti. Moltissimi fatti sono stati raccolti da eminenti osservatori; ma intere categorie del mondo animale ancora ci sono sconosciute.

Notizie sicure sui pesci sono rare (difficoltà di osservazione e studio incompleto); anche sui mammiferi, Kessler dice che ancora conosciamo poco il loro modo di vivere. Molti di essi sotto notturni, altri si nascondono sotto terra; la vita sociale e le migrazioni dei ruminanti non permettono all'uomo di avvicinare i loro branchi, etc.

Sugli uccelli siamo abbastanza informati; tuttavia, la vita sodale di molte specie ancora non la conosciamo perfettamente.

Comunque, tutto ciò, come vedremo, non rappresenta un vero ostacolo.

Tralasciamo le associazioni maschio-femmina per allevare la prole e nutrirla o per cacciare insieme; notiamo di sfuggita che tali associazioni sono normali anche tra i carnivori meno lodevoli e fra gli uccelli da preda. Essi ci interessano principalmente per alcuni sentimenti di tenerezza.

Si può anche aggiungere che la rarità di associazioni più ampie della familiare, fra i carnivori e gli uccelli predatori, oltre che al fatto di doversi nutrire dello stesso cibo, può essere dovuta — almeno fino a un certo punto — al rapido incremento umano. Infatti, alcune specie di animali vivòno isolati nelle regioni più intensamente popolate, mentre nei paesi disabitati, queste stesse specie o specie similari, vivono in branchi. Ne sono un esempio i lupi, le volpi e molti uccelli.

Tuttavia, le associazioni familiari ci interessano relativamente, tanto più che conosciamo un gran numero di associazioni per dei fini ancora più generali, quali la caccia, la reciproca protezione, o anche soltanto per godere la vita. Audubon ha già detto che talvolta le aquile si associano per la caccia: il suo racconto sulle due aquile calve, maschio e femmina, che cacciavano sul Mississipì, è molto noto. Ma una delle osservazioni più decisive, è dovuta a Siévertsoff.

Mentre studiava la fauna nelle steppe russe, vide una volta un'aquila della specie dei viventi in branchi (l'aquila dalla coda bianca, Halaetos albicilla), elevarsi alta nell'aria per circa mezz'ora; essa descriveva i suoi ampi cerchi in silenzio, ma all'improvviso gettò un grido penetrante; quasi immediatamente una altra aquila le si avvicina, e poi una terza, una quarta e così via fino a nove o dieci; a questo punto piombarono a tetra. Nascosto dalle ondulazioni della steppa, s'avvicinò e scoprì che si erano riunite intorno alla carogna di un cavallo. Le anziane che, secondo le abitudini, avevano mangiato per prime, stavano appollaiate sui vicini mucchi di fieno facendo la guardia, mentre le più giovani continuavano il loro pasto circondate da bande di corvi.

Da questa e simili osservazioni Siévertsoff concluse che le aquile dalla coda bianca si associano per la caccia; se sono dieci, da una certa altezza possono facilmente esplorare una superficie di una quarantina di chilometri quadrati; e non appena una di esse scopre qualcosa, può benissimo avvertire le altre .

Si potrebbe obiettare che a richiamare altre aquile sia stato il grido istintivo e non calcolato della prima; ma poiché le dieci aquile si riunirono prima di scendere sulla preda, e Siévertsoff in seguito ebbe modo di notarlo molte altre volte, l'obiezione cade. Inoltre, poiché l'aquila dalla coda bianca, uno dei più bravi e migliori cacciatori, vive generalmente in branco, Brehm dice che quando essa è tenuta in prigionia, sente ben presto affetto per i suoi guardiani. La sociabilità è un carattere comune a molti altri uccelli da preda. Il nibbio del Brasile, uno dei ladri più « impudenti », è tuttavia un uccello molto socievole. Le sue associazioni per la caccia sono tutte descritte da Darwin e da altri naturalisti, ed è accertato che quando si è impadronito di una preda troppo grossa per le sue forze, chiama cinque o sei amici per aiutare a portarla. Dopo una giornata faticosa, questi nibbi si riuniscono in branchi per riposare su un albero o sui cespugli; e per far ciò a volte percorrono distanze dì quindici chilometri e più. Spesso si uniscono a loro anche molti altri avvoltoi, specialmente i percnoptères, loro fedeli amici, come dice d'Orbigny. Nel nostro continente e nei deserti transcaspiani, secondo Zaroudnyi, essi nidificano allo stesso modo.

L'avvoltoio socievole, uno dei più forti, deve, il suo nome all'amore per la società. Questi uccelli vivono volentieri in branchi per il piacere di volare insieme a grandi altezze. « Essi vivono in perfetta amicizia — dice Vaillant — e nella stessa caverna ho trovato fino a tre nidi l'uno vicino all'altro ». Gli avvoltoi Urubus del Brasile sono forse più socievoli delle cornacchie. I piccoli avvoltoi egiziani giocano amichevolmente in aria a stormi, passano la notte insieme e insieme cercano il nutrimento; mai il più piccolo litigio — questo Io dice Brehm che ha osservato molto la loro vita.

Il falco dal collo rosso vive a stormi nelle foreste brasiliane, e il gheppio (Tinnunculus cenchris) quando lascia l'Europa e raggiunge in inverno le praterie e le foreste dell'Asia, forma numerose compagnie. Nelle steppe a sud della Russia questi uccelli sono cosi socievoli che Nordmann li vedeva in stormi numerosi insieme con altri rapaci (Falco Tinnunculus e falco Subbuteo); si riunivano tutti i pomeriggi verso le quattro e si divertivano fino a tarda sera.

Puntavano tutti insieme verso un punto determinato, e raggiuntolo, ritornavano seguendo lo stesso tragitto; poi ricominciavano. In tutte le specie di uccelli, questi voli in stormi, per il semplice piacere di volare è comunissimo.

Scrive Dixon: • Nel distretto di Humber, spesso, sui bassifondi, verso la fine di agosto, appaiono stormi di tringers i loro movimenti sono molto interessanti si disperdono e si concentrano con la precisione calcolata di soldati bene addestrati; e in mezzo a loro si trovano allodole di mare, sardelings e pivieri dal collare.

E' impossibile elencare qui le numerosissime associazioni di uccelli cacciatori, ma quelle dei pellicani per la pesca meritano di essere ricordate per l'ordine e l'intelligenza di cui dispongono (e dire che sono lenti e goffi!).

Vanno a pesca, sempre in branchi numerosi e, scelta una cala, formano un semicerchio davanti alla riva e, nuotando lo restringono gradualmente, spingendo cosi il pesce verso la terraferma e imprigionandolo. Sui canali e i corsi d'acqua, dopo aver formato semicerchi, nuotano l'uno verso l'altro, proprio come due squadre di pescatori.

A sera, se ne volano verso un dato luogo dove passano la notte (il luogo è sempre lo stesso per ogni branco) e nessuno li ha mai visti battersi per una buca, o per i posti di riposo. Nell'America del sud si riuniscono in gruppi di quaranta o cinquantamila elementi: alcuni dormono, altri vegliano ed altri ancora vanno a pescare. I passeri (ranchi tanto calunniati, spartiscono con grande spirito di sacrificio ciò che trovano tra i membri della società alla quale appartengono. Questo atto era noto ai greci e la tradizione ci racconta che una volta un oratore greco esclamò (cito a memoria); « mentre vi parlo, un passero è venuto a dire ad altri passeri che uno schiavo ha lasciato cadere a terra un sacco di grano e tutti quanti si stanno precipitando a mangiarselo ».

Questa antica osservazione, oltre tutto, è confermata dal signor Gurney, il quale è certo che il passero franco informa sempre ì suoi compagni del luogo dove esiste nutrimento. Egli aggiunge: « quando un mucchio di grano è stato battuto, per quanto questo sia lontano dal cortile, hanno sempre il gozzo pieno di grano ». E' vero che i passeri non tollerano affatto intrusioni nei loro domini; così i passeri del giardino di Lussemburgo lottano accanitamente contro tutti gli estranei visitatori; ma, all'interno della loro comunità, praticano il perfetto mutuo appoggio, anche se talvolta qualche lite succede: ma ciò accade anche tra i migliori amici.

La caccia e il cibo in comune sono tanto abituali tra Ì volatili che altri esempi non servirebbero; ciò è ormai accertato. In quanto alla forza che tali associazioni producono, essa è molto chiara. I più forti uccelli da preda diventano impotenti contro le associazioni di uccelli più piccoli.

Perfino le aquile, la forte e terribile aquila calzata e la marziale (hanno una forza capace di sollevare con gli artigli una lepre o una giovane antilope), sono costrette ad abbandonare la preda alle bande di farfallini, i nibbi, che danno una vera caccia alle aquile.

quando le scoprono in possesso di una buona preda. I nibbi cacciano anche il veloce falco pescatore e gli strappano il pesce catturato; ma nessuno li ha mai visti combattere tra di loro per il possesso della preda. Nelle isole Kerguelen, il dott. Caués vide il Buphagus — la gallina di mare dei cacciatori di foche — inseguire dei gabbiani per far loro rigettare il cibo, mentre, dall'altra pane, i gabbiani e le rondini di mare sì riunivano per disperdere le galline di mare, non appena queste si avvicinavano alle loro abitazioni, specialmente nel periodo dei nidi. I vannelli (Vanellus cristatus), tanto piccoli, ma vivacissimi, attaccano audacemente gli uccelli da preda. Molto divertente è vederli aggredire un bozzagno, un nibbio, un corvo o un'aquila. Si intuisce che sono sicuri della vittoria e si indovina la rabbia dell'uccello da preda; si aiutano meravigliosamente a vicenda e il loro coraggio è proporzionale al loro numero.

I greci chiamavano il vanello «buona madre »; e meritatamente, in quanto non manca mai di proteggere gli altri uccelli acquatici dalle aggressioni nemiche. Perfino le cutrettole bianche (motacilla alba), comunissimi nei nostri giardini (raggiungono appena i venti centimetri), costringono lo sparviero a mollare la sua caccia. Il vecchio Brehm scrive: « Ho ammirato spesso il loro coraggio e la loro agilità, e mi sono convinto che per catturare una di loro occorrerebbe un falcone. Quando una banda di cutrettole è riuscita a sconfiggere un uccello da preda, fanno risuonare l'aria delle loro grida trionfali, e si separano », Quando si riuniscono, è per cacciare un nemico; anche gli uccelli di una foresta si riuniscono alla notizia che un uccello notturno è apparso durante il giorno — e tutti insieme (uccelli rapaci e piccoli uccelli inoffensivi), danno la caccia all'intruso per farlo ritornare nel suo nascondiglio.

Quale sproporzione tra la forza di un nibbio, di un bozzongro o d'un falco e quella di una cutrettola! Ma la forza di quest'ultima consiste nell'azione in comune e nel coraggio: questa forza supera quella dei predatori dalle ali e dalle armi potenti! In Europa, le cutrettole non danno la caccia soltanto ai nocivi uccelli rapaci, ma anche al falco pescatore, anche se « più per divertirsi che per fargli del male »; in India, secondo Jerdon, le cornacchie cacciano il nibbio-govinda «solo per divertirsi». Il prìncipe Wied ha visto un'aquila brasiliana urubitinga circondata da bande di tucani e rigoli col ciuffo (uccelli simili alle nostre cornacchie) solo per divertirsi. In tutti questi casi è chiaro che uccelli meno forti dei predatori, risultano superiori a questi, solo per la loro azione in comune.

I benefici della vita in comune per la sicurezza dell'individuo, il godimento della vita e lo sviluppo delle attività intellettuali, si notano più chiaramente nelle due grandi famiglie delle gru e dei pappagalli. Le prime sono estremamente socievoli e vivono in ottimi rapporti non solo con i loro congeneri, ma anche con la maggior parte degli uccelli acquatici. La loro prudenza e intelligenza risultano veramente meravigliose: si rendono conto delle nuove circostanze in un attimo e si comportano conseguentemente. Quando il branco mangia o riposa, esistono sempre delle sentinelle: e i nemici sanno bene quanto sia difficile avvicinarsi ad esse. Se l'uomo è riuscito a sorprenderle, non ritornano mai sullo stesso luogo se prima non vi hanno inviato, uno dopo l'altro, almeno tre gruppi di esploratori.

Le gru fanno amicizia anche con le specie affini, e in prigionia nessun uccello (escluso il pappagallo, socievolissimo e molto intelligente) è capace dì nutrire una cosi reale amicizia per l'uomo. « Esse non vedono nell'uomo un padrone, ma un amico, e si sforzano di dimostrarglielo », conclude Brehm dopo una lunga esperienza personale.

La gru è in attività dalla mattina presto fino a tarda notte; ma non dedica che qualche ora alla ricerca del cibo, in gran parte vegetale. Il resto del tempo lo dedica alla vita in comune. « Esse raccolgono dei piccoli pezzi di legno o delle piccole pietre, le gettano in aria e provano ad acchiapparle; curvano il collo, aprono le ali, ballano, saltano, corrono e manifestano in mille modi la loro felicità, conservandosi sempre belle ed aggraziate ». Poiché vivono in società, non hanno quasi nemici, e il Brehm. che ha avuto l'occasione di vedere una di esse catturata da un coccodrillo scrive che, tranne questo, la gru non conosce altri nemici.

Tutti sono giocati dalla loro proverbiale prudenza e di solito raggiungono un'età molto avanzata. Non stupisce dunque che per la conservazione della specie la gru non abbia bisogno di molta prole: generalmente non cova che due uova. Per quanto riguarda la sua intelligenza, tutti gli osservatori sono unanimi nel giudicarla quasi umana.

Un altro uccello estremamente socievole è il pappagallo. Per la sua intelligenza occupa il primo posto tra i volatili. I suoi costumi sono stati così bene descritti dal Brehm che non posso fare a meno di citarlo: « Essi, tranne la stagione degli amori, vivono in branchi; come abitazione scelgono un luogo della foresta e ogni mattina partono per la caccia; i membri di uno stesso gruppo vivono fedelmente uniti gli uni agli altri e dividono insieme la buona e la cattiva sorte; al mattino si riuniscono tutti in campo, in un giardino o su un albero per nutrirsi di frutta: mettono delle sentinelle per vegliare sulla sicurezza del gruppo e badano al loro allarme; in caso di pericolo scappano tutti aiutandoti a vicenda e tutti insieme ritornano nella loro abitazione; in breve, essi risultano sempre « strettamente uniti »; amano inoltre la compagnia di altri animali; in India, le gazze e i corvi vengono da luoghi distanti addirittura parecchie miglia per passare la notte in compagnia dei pappagalli nel folto dei bambù; quando cacciano dimostrano un'intelligenza, una prudenza e un'attitudine sorprendente nel superare gli ostacoli.

Consideriamo, per esempio, un branco di cacatoi bianchi australiani. Prima di partire per saccheggiare un campo di grano, inviano una pattuglia di ricognizione che si sistema sugli alberi più alti nelle vicinanze del campo, mentre altri esploratori si appostano sugli alberi intermedi tra i] campo e la foresta e trasmettono i segnali: se comunicano che « tutto va bene », una ventina di cacatoa sì stacca dal grosso del gruppo. Insieme volano e si posano sugli alberi più vicini al campo per esaminare nuovamente le vicinanze. A un segnale positivo, la banda intera sì lancia contemporaneamente e saccheggia il campo in un baleno. I coloni australiani non sanno come fare; e se ne uccidono qualcuno i pappagalli diventano da quel momento così prudenti che certamente sventeranno qualsiasi stratagemma.

Indubbiamente è la vita in comune che ha permesso ai pappagalli di raggiungere un'intelligenza quasi umana e quei sentimenti che a loro riconosciamo. I migliori naturalisti lo hanno soprannominato « l'uccello-uomo ». Quanto al loro reciproco attaccamento, l'Audubon dice che quando un pappagallo è ucciso da un cacciatore, i compagni volano sopra la sua carogna gridando lamentosamente; e ciò li porta a « diventare vittime della loro amicizia ». Quando due pappagalli prigionieri, anche se appartenenti a due specie diverse, hanno contratto una reciproca amicizia, la morte accidentale di uno di essi è spesso seguita dalla morte dell'altro; e ciò a causa del dolore e della tristezza.

In sostanza, la loro abitudine sociale li protegge più di quanto non faccia il loro becco e le loro ali, per quanto perfetti si possano immaginare. Pochissimi uccelli rapaci e pochissimi mammiferi osano attaccare i pappagalli (tranne quelli appartenenti alle specie più piccole); sicché Brehm ha ragione nel dire che i pappagalli, assieme alle gru ed alle scimmie socievoli, non hanno in realtà altri nemici che l'uomo; ed aggiunge: « probabilmente i pappagalli più grossi possono morire soltanto di vecchiaia e non di artiglio nemico ». Solo l'uomo, tramite le sue armi e la sua intelligenza superiore, dovuta sempre all'associazione, è riuscito a distruggerli in parte. Anche la loro longevità, dunque, può attribuirsi alla loro vita sociale. E non potremo dire la stessa cosa a proposito della loro meravigliosa memoria il cui sviluppo può essere favorito solo dalla vita sociale e dal pieno godimento delle loro facoltà fisiche e mentali, fino ad un'età molto avanzare?

Da ciò che precede, può dedursi che la guerra di ciascuno contro tutti non è LA LEGGE della natura. Anche il mutuo appoggio è una legge, e ciò apparirà ancora più evidente quando avremo esaminato qualche altra associazione presso gli uccelli e i mammiferi.

Sicché, per concludere sull'importanza della legge del mutuo appoggio nell'evoluzione del regno animale, è opportuno esaminare ancora qualche altro esempio.

Quando la primavera ritorna nelle zone temperate, miriadi di insetti si riuniscono in stormi innumerevoli e, pieni di vigore e di gioia, volano verso il nord per allevare la loro prole. Ogni siepe, boschetto, scogliera dell'oceano, lago o stagno in America del nord, Europa settentrionale e nel nord asiatico, ci mostra che cosa il mutuo appoggio significa per gli uccelli; quale forza, quale energia e protezione sia a disposizione di ogni essere vivente, per quanto debole e indifeso possa essere. Considerate, per esempio, uno dei molti laghi delle steppe russe o siberiane: le rive sono popolate da miriadi di uccelli acquatici appartenenti almeno ad una ventina di specie diverse, spesso tutte in pace perfetta, e in reciproca protezione, « A parecchie centinaia di metri dalla riva, l'aria è invasa da gabbiani e rondini di mare intensi come fiocchi di neve in un giorno d'inverno. Migliaia dì pivieri e beccacce percorrono la spiaggia in cerca del loro cibo, fischiando e godendo della vita. Più lontano, quasi su ogni onda, un'anitra si dondola: e sopra di loro volano branchi di anitre casarka: ovunque abbonda una vita esuberante » .

Ed ecco i briganti, i più forti e abili che « sono organizzati in un modo ideale per la rapina ». Spiando per ore intere in questa massa di esseri viventi, e con grida affamale, irritati e lugubri, essi cercano l'occasione per aggredire qualche individuo indifeso; ma, non appena si avvicinano, la loro presenza è denunciata da una dozzina di sentinelle volontarie, e centinaia di gabbiani e rondini di mare sì lanciano per scacciare il predatore. Pazzo dalla fame, ben presto accantona le sue consuete precauzioni: si precipita all'improvviso nel folto della massa vivente, ma aggredito da ogni parte è costretto a ritirarsi. Disperato piomba sulle anitre selvatiche, ma questi uccelli intelligenti e socievoli, sì riuniscono rapidamente e prendono il volo, se il predatore è una aquila; si tuffano nel lago, se è un falco o se è un nibbio, lo stordiscono sollevando una nube di spruzzi d'acqua. E mentre la vita continua a pullulare sul lago, il predatore fugge irritatissimo e va in cerca di qualche carogna o qualche giovane uccello o un topo campagnolo non ancora bene addestrato ad ubbidire all'allarme dei compagni. Di fronte a questa vita esuberante, il predatore è cosi costretto ad accontentarsi dei rifiuti. Più lontano, negli arcipelaghi artici, « se si naviga lungo la costa si vedono scogliere, nascondigli sui pendii delle montagne fino ad un'altezza di circa cinquecento piedi, letteralmente invasi da uccelli di mare i cui petti bianchi risaltano sulle rocce scure, quasi sembrassero disseminate di fittissime macchie di gesso. Dovunque l'aria è, per così dire, piena dì uccelli ».

Ciascuna di queste « montagne di uccelli » è un vivente esempio del mutuo appoggio e dell'infinita varietà di caratteri individuali e specifici risultanti dalla vita in società. L'astrolega è nota per la sua tendenza ad assalire uccelli rapaci. La pantana è una vigilatrice e diventa facilmente il capo di altri uccelli più placidi. Il voltapietre, quando è in compagnia di specie più energiche, è un uccello piuttosto timoroso; ma nei confronti di uccelli più piccoli dimostra di essere un paladino.

Da una parte cigni dominatori; dall'altra, gabbiani tridattili socievolissimi e pacifici e uria traile polari così amorose che si accarezzano continuamente a vicenda. Se un'oca egoista ripudia gli orfani di una compagna uccisa, ce n'è sempre un'altra pronta a farlo; e guazza circondata da cinquanta a sessanta piccoli che conduce e sorveglia come se fossero tutti la sua vera covata.

Accanto ai pinguini che si rubano reciprocamente le uova, si vedono pivieri minori le cui relazioni familiari sono cosi « incantevoli e commoventi » che spesso anche i cacciatori sono incapaci di uccidere una femmina circondata dai suoi piccoli; e le femmine degli edredoni, come le grandi folaghe o i coroyas delle savane, covano insieme nello stesso nido; o gli uria traile che covano turno, ma in comune. La natura è varietà infinita di caratteri: per ciò non può essere definita tramite asserzioni generali. Meno ancora può essere giudicata dal moralista, In quanta le opinioni di questo non sono che un risultato incosciente della sua osservazione della natura stessa.

E' comunissimo che gli uccelli si riuniscono durante la stagione dei nidi. Gli alberi sono coperti dai nidi dei corvi; le siepi da nidi di uccelli più piccoli; le masserie ospitano colonie di rondini; le vecchie torri diventano rifugio di centinaia di piccoli uccelli notturni; insomma: potremmo dedicare pagine intere per descrivere la pace e l'armonia all'interno di queste associazioni.

In quanto alla protezione che gli uccelli più deboli trovano in questa unione, essa è evidente. Il dr. Coues, eccellente osservatore, vide, per esempio, delle piccole rondini delle scogliere fabbricare il loro nido vicino a quello di un falco delle praterie (falco polyargus), in cima a uno di quei minareti di argilla cosi comuni nei canions del Colorado. Esse non temevano affatto il loro rapace vicino: appena cercava di avvicinarsi lo circondavano immediatamente e lo scacciavano.

La vita in società continua anche dopo il periodo dei nidi. Le giovani covate si riuniscono in società di giovani, comprendenti generalmente diverse specie. In questo periodo la vita sociale è praticata per la sicurezza e per i piaceri che essa procura. Sicché è facile vedere nelle nostre foreste giovani società di sitelle blu (sitta caesia) assieme a cinciallegre, fringuelli, teatrini, rampichini e picchi. In Spagna la rondine è spesso in compagnie di cheppi, piglia mosche e colombi. Nel Far West americano le giovani allodole vivono in società con i passeri delle savane e parecchie specie di verdoni e francolini. Insomma: sarebbe molto più facile descrivere le specie isolate che quelle comunitarie. Un meraviglioso esempio di mutuo appoggio tra gli uccelli, infine, è rappresentato dalle loro migrazioni. Uccelli che hanno vissuto per mesi in piccoli gruppi separati su un vasto territorio, si riuniscono *a* migliaia: si radunano in un dato posto per parecchi giorni di seguito, discutendo chiaramente sulle modalità del viaggio da intraprendere. Alcune specie si dedicano, ogni pomeriggio, a voli di esercitazione. Tutti attendono i ritardatari e infine si lanciano in una determinata direzione: i più forti in testa spesso si danno il cambio, attraversano Ì mari in grossi stormi comprendenti grandi e piccoli uccelli e quando ritornano, nella primavera seguente, si fermano sullo stesso luogo cercando i vecchi nidi dell'anno precedente. Questo argomento, così visto e ancora in parte sconosciuto, offre molti esempi di mutuo appoggio prodotto dalla migrazione; ma l'analisi di tali esempi sarebbe molto lunga, sicché sono costretto a rinunciarvi. Ricorderò soltanto le numerose e animate riunioni prima dei loro lunghi viaggi verso il nord o il sud. Per diversi giorni di seguito, talvolta per un mese intero, si riuniscono un'ora ogni mattino prima di mettersi in volo per cercare il cibo, e forse discutono del luogo dove stanno per costruire i loro nidi. Se le loro colonne, durante la migrazione, sono sorprese da una tempesta, gli uccelli delle specie più diverse tendono ad avvicinarsi a causa della comune disgrazia. Anche gli uccelli che non appartengono specificatamente alla specie migratoria, ma che si trasferiscono lentamente verso il nord o il sud. secondo le stagioni. compiono questo spostamento a stormi Invece di emigrare isolatamente, si aspettano vicenda e si riuniscono in stormi prima della partenza. Quanto ai mammiferi, le specie sociali sono molto più numerose di alcune specie carnivore che non si associano. Gli altipiani, le regioni alpine e le steppe del nuovo e del vecchio continente sono popolati di branchi di cervi, antilopi, gazzelle, daini, bisonti, caprioli e montoni selvatici che sono tutti degli animali socievoli. Quando gli Europei andarono a stabilirsi in America, vi trovarono una così grande quantità di bisonti che dovevano interrompere le loro marce quando una colonna di tali animali in migrazione si trovava ad attraversare la strada che stavano percorrendo; e la sfilata poteva durare anche due o tre giorni. Quando i russi si impossessarono della Siberia, la trovarono così ricca dì caprioli, antilopi, scoiattoli e altri animali socievoli che la conquista della regione non fu che una spedizione dì caccia durata duecento anni. Le pianure erbose dell'Africa orientale sono ancora coperte da branchi di zebre, bufali e antilopi. I piccoli corsi d'acqua del nord-America e del nord siberiano erano popolati da colonie dì castori, e fino al XVII secolo tali colonie abbondavano anche nel nord della Russia. Le pianure di quattro grandi continenti sono coperte ancora di moltissime colonie di topi, scoiattoli, marmotte e altri roditori. Le basse foreste asiatiche e africane ospitano ancora numerose famiglie di elefanti, rinoceronti e moltissime scimmie. A nord le renne si riuniscono in innumerevoli branchi e più su troviamo branchi di buoi muschiati ed innumerevoli bande di volpi polari. Sulle coste dell'Oceano, foche e trichechi e nell'Oceano stesso, cetacei socievoli; perfino nel centro del grande altipiano asiatico centrale troviamo branchi di cavalli, asini, cammelli e montoni selvaggi. Tutti questi mammiferi vivono in società e in colonie talvolta di migliaia di individui anche se oggi, tre secoli dopo l'uso del fucile, non troviamo che gli avanzi degli immensi aggregati di un tempo.

Quanto è insignificante, invece, il numero dei carnivori! E. dunque, quanto è falsa l'opinione di quelli che nel mondo animale non vedono se non leoni e iene dai denti sempre sporchi del sangue delle loro vittime! E si pretende anche che tutta la vita umana non è che una successione di guerre e di massacri! L'associazione e il mutuo appoggio sono la regola pressa i mammiferi Solo la tribù dei felini (leoni, tigri, leopardi, etc.) preferisce agire individualmente piuttosto che socialmente. Tuttavia anche fra i leoni «non è rara l'abitudine dì cacciare in compagnia». Anche le tribù degli zibetti (Viverridae) e delle donnole (Mustelidae) generalmente vivono isolate; ma nel secolo scorso era più socievole di oggi; allora Io si vedeva spesso riunito in gruppi nella Scozia e nel cantone di Unterwalden, in Svizzera. Quanto alla grande tribù canina, essa è eminentemente socievole, specialmente per la caccia. E' noto, infatti, che i lupi si riuniscono in bande per cacciare, e Tschudi ci ha descritto molto bene come essi si dispongano in semicerchio per circondare una mucca sul pendio di una montagna e come si lancino all'improvviso, ululando terribilmente in modo da farla cadere in un precipizio. Audubon, verso il 1830, vide anche dei lupi del Labrador cacciare in bande, e una di queste seguire un uomo fino alla sua capanna e uccidere i cani. Quando gli inverni sono rigidi, le bande di lupi diventano cosi numerose da rappresentare un serio pericolo anche per gli uomini; ciò è accaduto cinquantacinque anni fa in Francia. Nelle steppe russe assaltano in bande i cavalli; ma spesso sono questi a prendere l'offensiva; in tal caso, se i lupi non scappano prontamente, corrono il rischio di venire circondati e uccisi a calci. E' noto che i lupi delle praterie (Canis latrans) si uniscono in bande da venti a trenta individui e danno la caccia a qualche bisonte casualmente isolato dal suo branco. Gli sciacalli, coraggiosissimi e forse i più intelligenti delle tribù dei cani, cacciano sempre a bande e cosi riescono a non temere i più grossi carnivori. Quanto ai cani selvatici dell'Asia (Kholzuns o Dho-lcs), Williamson li ha visti attaccare a bande tutti i grossi animali esclusi elefanti e rinoceronti e battere orsi e tigri. Anche le iene vivono sempre in società e cacciano a bande.

Perfino le volpi, di solito isolate nei nostri paesi, si uniscono talvolta per la caccia. Quanto alla volpe polare, almeno al tempo dello Steller, era uno degli animali più socievoli. Quando si legge la descrizione dello stesso Steller della lotta tra lo sventurato equipaggio di Bebring e questi piccoli intelligenti animali, non si sa di cosa stupirsi maggiormente: se dell'intelligenza eccezionale di queste volpi e del mutuo appoggio che si prestavano dissotterrando del cibo nascosto sotto cumuli di pietre o su un pilastro (una di esse arrampicatasi lassù, gettava il cibo alle sue compagne sottostanti) o della crudeltà dell'uomo, spinto alla disperazione da questi predatori. Anche alcuni orsi vivono in società dove non sono disturbati dagli uomini. Steller ha visto l'orso bruno del Kamtchatka in branchi numerosi e talvolta degli orsi polari in piccoli gruppi. Anche i non intelligenti insettivori ricorrono talvolta all'associazione. Ma il mutuo appoggio è molto sviluppato principalmente tra i roditori, gli ungulati e i ruminanti. Gli scoiattoli sono molto individualisti. Ciascuno si costruisce il nido per propria comodità e accumula le provviste per se stesso. Ma le loro tendenze sono familiari perché, come ha osservato Brehm, una famiglia di scoiattoli non è mai cosi felice come quando le due nidiate dello stesso anno possono riunirsi con i loro genitori in un remoto angolo della foresta. Inoltre, gli abitanti degli stessi nidi sono sempre in rapporto e quando le pigne diventano rare, emigrano in gruppi. Gli scoiattoli del Far West, poi. sono socievolissimi. Esclusa qualche ora dedicare alla ricerca del cibo, il resto della giornata lo passano a giocare in grandi branchi; e quando sono troppo numerosi in una regione, si riuniscono in bande e avanzano verso il sud devastando foreste, campi e giardini, tanto che volpi, puzzole, falchi e uccelli notturni da preda, seguono le loro fitte colonne e sì nutrono degli scoiattoli ritardatari. I Tamias, genere molto simile, sono ancora più socievoli. Economi, accumulano nei loro sotterranei grandi quantità di radici commestibili e noci di cui l'uomo li deruba generalmente in autunno.

Secondo alcuni osservatori, essi conoscono alcune gioie degli avari; tuttavia, restano socievoli. Vivono sempre in grandi villaggi; Audubon apri d'inverno delle dimore di « hackee » e trovò diversi individui nello stesso sotterraneo che avevano certamente approvvigionato in comune.

La grande famiglia delle marmotte, con i suoi tre generi degli Arctomys, Cynomys e Spcrmophilus, è ancora più socievole e intelligente. Se è vero che preferiscono vivere ciascuno nella propria dimora, è anche vero che si raggruppano in grandi villaggi. I terribili nemici dei raccolti russi — i souslinks — che ogni anno vengono sterminati a milioni dall'uomo, vivono in colonie; e mentre le assemblee provinciali russe discutono i mezzi per il loro sterminio, essi si godono la vita il più allegramente possibile. I loro giochi sono così incantevoli che nessuno può fare a meno di lodarli e stupirsi dei loro concerti melodiosi formati dai fischi acuti dei maschi e da quelli melanconici delle femmine; ma ritornando cittadini; tutti cercano di inventare i mezzi più diabolici per sterminarli.

Poiché tutte le specie di uccelli rapaci e tutte le bestie da preda si sono dimostrate impotenti, non si è trovato di meglio che inoculare loro il colera! I villaggi di cani delle praterie americane sono uno tra gli spettacoli più incantevoli. Su ogni piccolo monticello ciascun cane abbaia sostenendo un'animata conversazione coi suoi vicini. Quando è segnalato l'arrivo di un uomo, spariscono tutti quanti come d'incanto nelle loro tane; ma, passato il pericolo, riappaiono immediatamente. Intere famiglie escono dalle loro gallerie e si mettono a giocare. I giovani si strofinano a vicenda, litigano e dimostrano la loro agilità rizzandosi, mentre i vecchi fanno la guardia. Sì fanno visita reciprocamente come è testimoniato dai sentieri battuti tra un monticello e l'altro. Ai cani delle praterie, alle marmotte dell'antico continente e alle polari, si sono interessati i migliori naturalisti. Ma debbo criticare le marmotte, così come ho fatto per le api. Esse hanno conservato i loro istinti combattivi. Che ricompaiono in prigionia. Ma nelle loro grandi associazioni naturali, gli istinti asociali non possono svilupparsi, sicché è possibile un'armonia generale. Perfino i topi, così bellicosi quando sono in cantina, diventano abbastanza intelligenti da non litigare mentre saccheggiano la nostra credenza; e non solo si aiutano a vicenda nei saccheggi e nelle migrazioni, ma nutrono anche i loro malati. Quanto ai topi castori o topi muschiati del Canada, essi sono estremamente socievoli. Audubon non può che ammirare le loro « comunità pacifiche che vogliono soltanto essere lasciate in pace per vivere gioiosamente ». Come tutti gli animali socievoli, essi sono gai e amanti del giuoco, si accompagnano facilmente ad altre specie e hanno raggiunto uno sviluppo intellettuale molto elevato.

Nei loro villaggi che sono sempre situati sulle rive dei laghi e dei fiumi, calcolano il livello variabile dell'acqua; le loro capanne a forma di cupola, in argilla battuta e canne, hanno dei ripostigli separati per i rifiuti organici e le loro sale sono ben tappezzate d'inverno in maniera da essere calde e ben ventilate. Quanto ai castori che, come è noto, hanno un carattere socievolissimo, le loro dighe meravigliose ed i loro villaggi in cui generazioni intere vivono e muoiono senza conoscere altri nemici all'infuori della lontra e dell'uomo, dimostrano meravigliosamente ciò che il mutuo appoggio può fare per la sicurezza della specie, per io sviluppo delle abitudini sociali e l'evoluzione dell'intelligenza; sicché i castori sono molto noti a tutti quelli che si interessano alla vita animale. Qui desidero solo fare notare che tra i castori, i topi muschiati e qualche altro roditore, esiste già ciò che sarà anche la caratteristica principale delle comunità umane: il lavoro in comune. Non parlo delle due grandi famiglie che comprendono la gerboa, la cincillà, il roditore delle Pampas e la lepre sotterranea della Russia meridionale, anche se pure questi piccoli roditori possono considerarsi un valido esempio del piacere che gli animali possono trarre dalla vita in società e dico piacere perché è difficilissimo determinare se ciò che spinge gli animali a vivere in società è il piacere o il bisogno della reciproca protezione. Comunque le lepri, che non vivono in società e non hanno sentimenti familiari, non possono vivere senza riunirsi per giocare insieme. Dietrich de Winckell. specialista sulle abitudini delle lepri, le descrive come giocatrici appassionate, cosi morbose da prendere spesso una volpe capitata là per una delle loro compagne. Quanto al coniglio, vive in società e la sua vita familiare è addirittura patriarcale; i giovani devono ubbidire assolutamente al padre oppure al nonno. Qui abbiamo due specie simili che si detestano, non perché si nutrano dello stesso cibo, come troppo spesso si è detto, ma perché la vivacità e l'individualismo eccessivo della lepre non si concilia affatto con la placidità del coniglio; sicché la loro amicizia è impossibile.

Anche la grande famiglia dei cavalli, comprendente Ì cavalli selvaggi e gli asini selvaggi d'Asia, le zebre, i mustang, i cimarones delle Pampas e quelli semi selvaggi della Mongolia e della Siberia, vivono regolarmente in comune. Ogni associazione è composta da numerosi branchi, ciascuno dei quali costituiti da un certo numero di giumente sotto la guida di uno stallone. Questi innumerevoli abitanti dell'antico e del nuovo continente, male organizzati per resistere a nemici e ad offese climatiche, sarebbero ben presto spariti dalla faccia della terra, senza il loro spirito di socievolezza.

All'avvicinarsi di una bestia da preda, si riuniscono immediatamente in gruppi, la respingono, e, qualche volta, le danno perfino la caccia; e né il lupo, né l'orso, né il leone possono catturare un cavallo o una zebra se l'animale prima non si è distaccato dal branco. Quando la siccità brucia le erbe della prateria, essi si riuniscono in branchi comprendenti talvolta fino a diecimila individui e emigrano. Quando si scatena nelle steppe una tormenta di neve, tutti i branchi si serrano e si rifugiano in qualche burrone riparato. Ma se la reciproca fiducia sparisce, o se il branco si lascia prendere dal panico e si disperde, i cavalli muoiono in gran numero, e i sopravvissuti vengono trovati dopo l'uragano mezzo morti di stanchezza.

L'unione è fondamentale per la loro lotta vitale, e l'uomo è il loro principale nemico. Per sfuggire all'uomo, l'antenato del nostro cavallo domestico (l'Equus Przewalskii, cosi chiamato dal Poliakoff) ha preferito ritirarsi sugli altipiani più selvaggi e inaccessibili del Tibet, dove continua a vivere circondato da carnivori, piuttosto che vivere in una regione accessibile all'uomo.

Altri importanti esempi di vita sociali: si potrebbero trarre dalle abitudini della renna o da quella grande categoria dì ruminanti comprendente caprioli, daini rossicci, antilopi, gazzelle, stambecchi, e tutti i componenti delle tre grandi famiglie delle antilopi, dei capridi e degli ovidi La loro vigilanza per impedire l'attacco ai branchi da parte dei carnivori, l'ansietà di un branco di camosci visibile finché tutti quanti non siano riusciti a superare un passo di rocce a

picco, l'adozione di orfani, la disperazione della gazzella il cui maschio è stato ucciso, i giuochi dei giovani, e molti altri fatti possono essere ricordati. Ma forse l'esempio più notevole di mutuo appoggio si nota nelle migrazioni dei caprioli quali ne vidi una volta sul fiume Amùr. Attraversando l'altopiano e la catena del Gran Klìngan che lo cinge; (da Transbaikalia a Merghen), più lontano, verso l'est, sulle alte praterie situate tra Nonni e l'Amùr, constatai che i caprioli erano molto pochi in quelle regioni disabitate. Due anni più tardi risalii l'Amùr e verso la fine di ottobre raggiunsi l'estremità inferiore di quella gola pittoresca che attraversa l'Amùr nel Dòoussé-alin (Piccolo Khrngan), prima di arrivare nelle basse terre dove incontra il Sungari Qui, migliaia e migliaia di caprioli stavano traversando l'Amùr nel punto più stretto per raggiungere le terre più basse, e i Cosacchi, per giorni e giorni poterono fare una vera carneficina su un tratto dì sessanta chilometri circa lungo il fiume. Tuttavia, malgrado le uccisioni, l'esodo continuava. Tale eccezionale migrazione, era dovuta sicuramente alle nevi precoci e abbondanti nel Grand Khingan, che obbligarono questi intelligenti animali a fare uno sforzo per raggiungere le basse terre dell'est delle montagne Dòoussé. Infatti, qualche giorno più tardi, l'intero Dòoussé-alin fu ricoperto da una distesa di neve da due a tre piedi di spessore. Considerando il vastissimo territorio (grande quasi quanto la Gran Bretagna) su cui erano sparsi i branchi di caprioli che avevano dovuto riunirsi per una eccezionale migrazione, e immaginando la loro difficoltà a intendersi per traversare l'Amùr in un dato punto, più al sud, dove è più stretto, non si può che ammirare Io spirito di solidarietà di questi intelligenti animali Anche i bisonti dell'America del nord dimostrarono un tempo le stesse tendenze solidariste. Pascolavano in grandi assembramenti sulle pianure, ma i piccoli branchi, non si mescolavano mai. In caso dì necessità però tutti i gruppi, anche se sparsi su un immenso territorio, si riunivano e formavano grandi colonne composte da migliaia e migliaia di individui. Almeno qualche parola sulle « famiglie composte » degli elefanti, sul loro reciproco attaccamento, sulla loro accortezza nel sistemare le sentinelle e sui sentimenti di simpatia prodotti da una tale vita di vicendevole sostegno.
Potrei citare i sentimenti socievoli dei cinghiali e lodare il loro senso associativo nel caso di un attacco da parte di un animale da preda. Anche l'ippopotamo e il rinoceronte sono molto socievoli.
Molto si potrebbe scrivere sul reciproco affetto e socievolezza delle foche e dei trichechi e infine ricorderemo i sentimenti dei cetacei. Ma più importante ancora è accennare alle scimmie in quanto rappresentano il *trait d'union* con la società umana primitiva.

E' inutile dire che tali mammiferi in cima alla scala del mondo animale, ì più simili all'uomo per struttura e intelligenza, sono socievolissimi. Ovviamente, tra essi — composti da centinaia di specie — troveremo ogni genere di caratteri e abitudini; ma, tutto sommato, possiamo dire che la socievolezza, l'azione in comune, la reciproca protezione e un ampio arco di sentimenti che sono un prodotto della vita sociale, caratterizzano la maggior parte delle specie delle scimmie.

Le scimmie notturne preferiscono la vita isolata; i cappuccini (Cebus capucinus), i monos e le scimmie urlatrici vivono soltanto in piccole famiglie. A.R. Wallace ha visto gli orangutan sempre solitari o in piccoli gruppi di tre o quattro individui; i gorilla pare non sì riuniscano mai in branchi. Ma tutte le altre specie — scimpanzè, sajous, sakis, mandrilli, babbuini, etc. — sono socievolissimi, vivono in grandi branchi e si uniscono anche a specie diverse. Perfino le aquile non osano assalirle. La maggior parte di esse sono completamente infelici se isolate. Le grida di dolore di una di loro fanno accorrere subito tutto il branco ed esse respingono coraggiosamente il carnivoro o l'uccello rapace. Sempre in branchi saccheggiano i campi dell'uomo e le vecchie si incaricano della sicurezza comune.

Le piccole e dolci ti-tis (Humboldt ne fu colpito) si abbracciano e si proteggono a vicenda quando piove, attorcigliando la loro coda intorno al collo delle compagne tremanti di freddo. Parecchie specie mostrano la massima sollecitudine per i loro feriti e non abbandonano mai una compagna ferita durante la ritirata, tranne che non si accorgano che è morta e dunque della loro impotenza a richiamarla in vita. James Forbes nelle sue MEMORIE D'ORIENTE narra che alcune di queste scimmie dimostrarono una tale insistenza nel reclamare dai cacciatori il cadavere di una loro compagna che decisero « di non sparare mai più sopra nessuna specie di scimmie». Alcuni individui di certe specie si mettono a rivoltare i sassi per cercare uova di formiche. Le amadriadi, non solo mettono sentinelle, ma si organizzano a catena per trasportare il bottino; e il loro coraggio è molto noto. E' classica la battaglia che la carovana del Brehm dovette sostenere contro di esse per potere continuare la sua strada nella vallata del Mensa, in Abissinia.

Nota pure la piacevolezza delle scimmie dalla lunga coda e l'affetto reciproco fra gli scimpanzé.

Se l'orangutan e il gorilla non sono socievoli, ciò è forse perché ultimi rappresentanti di due specie un tempo molto più numerose (d'altronde sono presenti solo in due piccolissimi spazi: nel centro dell'Africa e nelle due isole del Borneo e Sumatra). Almeno il gorilla sembra sia stato socievole in passato, se le scimmie citate nel PERIPLO erano proprio dei gorilla.

Questo breve esame dimostra che la vita in società non è una eccezione nel mondo animale, ma la regola, la legge naturale che raggiunge il suo completo sviluppo negli animali vertebrati più elevati. Le specie che vivono isolate o in piccole famiglie, sono relativamente poche e i loro rappresentanti rari. Di più, è molto probabile che, tranne qualche eccezione, gli uccelli e i mammiferi che oggi non si riuniscono in branchi, vivessero in società prima che l'uomo invadesse il globo, e prima della guerra permanente che ha loro dichiarato la distruzione delle loro prime fonti di nutrimento. «Non ci si associa per morire». fu la profonda osservazione dell'Espinas; e l'Houzeau che conosceva la fauna di certe regioni americane, quando ancora questo paese non era stato modificato dall'uomo, ha scritto nel medesimo senso. L'associazione si riscontra nel mondo animale in tutti i gradi dell'evoluzione, e secondo la grande idea di Herbert Spencer, così acutamente sviluppata nelle *Colonie animali* del Périer, essa è all'origine stessa dell'evoluzione animale. Ma, a misura che l'evoluzione sì compie, vediamo l'associazione divenire sempre più cosciente. Essa perde il suo carattere fisico, cessa di essere soltanto istintiva, diventa ragionata.

Nei vertebrati superiori è periodica; cioè gli animali vi ricorrono per la soddisfazione di un bisogno speciale, la propagazione della specie, le emigrazioni, la caccia o la reciproca difesa. Talvolta si produce anche accidentalmente, quando gli uccelli, per esempio, si associano contro un saccheggiatore, o quando dei mammiferi si uniscono in circostanze eccezionali per emigrare. Quest'ultimo caso rappresenta davvero una eccezione ai costumi abituali. L'unione appare talvolta a due o più gradi — prima la famiglia, poi il gruppo, e infine l'associazione dei gruppi abitualmente sparpagliati, ma che si uniscono in caso di necessità, come abbiamo già visto per Ì bisonti —. La associazione può perfezionarsi e assicurare così maggiore indipendenza all'individuo senza privarlo dei vantaggi della vita sociale. Ogni individuo dei roditori ha la sua dimora individuale; ma queste dimore sono disposte in villaggi e in città, in maniera da assicurare a tutti gli abitanti i vantaggi e le gioie della vita sociale. Infine, presso i topi, le marmotte, le lepri, etc, la vita sociale è mantenuta malgrado il carattere litigioso ed altre tendenze egoistiche dell'individuo isolato. Sicché l'associazione non è imposta come nel caso delle formiche e delle api dalla struttura fisiologica individuale; essa è seguita per i vantaggi del mutuo appoggio, o per i piaceri che essa procura. Ciò, naturalmente, si mostra in tutti i gradi possibili e con la maggiore varietà di caratteri individuali e specifici, e la varietà stessa degli aspetti che assume la vita sociale è una conseguenza è, per noi, un'altra prova della sua generalità. La sociabilità, cioè il bisogno dell'animale di associarsi con i suoi simili, l'amore della società per la società stessa e per la « gioia di vivere », sono dei fatti che cominciano soltanto adesso ad essere considerati dagli zoologi.

Sappiamo che tutti gli animali, dalle formiche agli uccelli e ai mammiferi più elevati, amano giocare, lottare, muoversi, acchiapparsi a vicenda, litigare. etc. e mentre molti giochi rappresentano una palestra per i giovani, altri, oltre che utili, sono, come la danza e i canti, delle semplici manifestazioni di un eccesso di forza. E' la « gioia di vivere » il desiderio di comunicare comunque con altri individui della stessa specie o anche di specie diversa; sono manifestazioni sociali nel vero senso della parola, caratteristica fondamentale di tutto il regno animale. Che il sentimento sia prodotto dal timore dì un uccello da preda, o da un « accesso di gioia » dovuto a buona salute e giovinezza, o che sia semplicemente bisogno di dare libero corso ad un eccesso di impressioni e di forza vitale, la necessità di comunicare le impressioni, di giocare, schiamazzare, etc, è come ogni altra funzione fisiologica, una caratteristica della via e della facoltà di ricevere impressioni. Tale bisogno giunge al più alto sviluppo nei mammiferi, particolarmente tra i giovani, e soprattutto tra gli uccelli; ma è presente in tutta la natura ed è stato notato dai migliori naturalisti compreso Pietro Hubber, anche nelle formiche. E' lo stesso istinto a spingere le farfalle a formare quelle immense colonie di cui abbiamo già parlato, L'abitudine di riunirsi per ballare e di decorare i luoghi dove gli uccelli si riuniscono appunto per ballare, è bene illustrata nelle pagine che Darwin ha scritto nella sua *Origine dell'Uomo* (cap. XIII). I visitatori del giardino zoologico di Londra, conoscono anche il « berceau » del Ptilooorhynchus holosericeus dell'Australia. Ma tale abitudine di danzare probabilmente era molto più diffusa in passato, e W. Hudson dà nel suo libro su La Plata, una interessantissima descrizione delle danze complicate eseguite da un gran numero di uccelli: francolini, jacanas, vinelli, etc.

L'abitudine di diverse specie di uccelli di cantare in coro, appartiene alla stessa categoria di istinti sociali. Tale abitudine è molto sviluppata nel chakar (Chauna chavarria) che gli inglesi hanno cosi male soprannominato « urlone dal ciuffo» .

Questi uccelli si riuniscono talvolta in branchi immensi per cantare in coro. W. Hudson li trovò una volta disposti tutti intorno a un lago delle pampas, in gruppi bene ordinati di circa cinquecento uccelli ciascuno. Scrive:

« Ben presto un gruppo vicino a me cominciò a cantare e prolungò il suo canto per tre o quattro minuti; quando smise, il gruppo vicino riprese lo stesso canto e cosi via gli altri, finché le note dei gruppi posti sull'altra riva tornarono ancora una volta a me chiare e potenti, ondeggiando nell'aria sopra al lago, poi svanirono, finché il suono mi si riavvicinò ». In altre occasione, lo stesso scrittore vide un mare intero di rigoli col ciuffo, non in ordine serrato, ma in coppie sparse e in piccoli gruppi. Verso le ventidue, « d'improvviso, l'intera moltitudine che copriva la palude per una estensione di parecchie miglia intonò a gran voce uno straordinario canto serale: era un concerto tale che avrebbe meritato una cavalcata di centinaia di miglia per ascoltarlo». Aggiungiamo che, come tutti gli animali socievoli, il rigolo si addomestica facilmente e si affeziona all'uomo. « Sono uccelli molto dolci e pacifici », ci dice, anche se formidabilmente armati.

La vita sociale rende superflue le loro armi, essa è l'arma più potente nella lotta per la vita, considerata nel suo senso più ampio, e, se gli esempi già citati non bastassero, ne potremmo dare ancora. La vita in comune rende gli insetti più deboli e i più deboli mammiferi, capaci di lottare e di proteggersi contro i più terribili carnivori e contro gli uccelli rapaci; favorisce la longevità; permette di allevare la propria prole con il minimo dispendio di energie. L'associazione protegge il permanere di molte specie a scarsissima natalità; permette agli animali che vivono in branchi di emigrare verso nuove dimore; sicché, anche ammettendo che la forza, la sveltezza, i colori mimetici, l'astuzia, la resistenza alla fame e alla sete, ricordati dal Darwin e dal Wallace, favoriscano l'individuo in certe circostanze, noi affermiamo che la socievolezza è un grande vantaggio in tutte le condizioni della lotta per la vita. La specie che, volontariamente o meno, abbandona questo istinto di associazione, è condannata a sparire; invece gli animali che sanno unirsi hanno le maggiori probabilità di sopravvivenza e di evoluzione, anche se inferiori ad altri animali in CIASCUNA delle facoltà elencate da Darwin e da Wallace, al di fuori di quella intellettuale.

I vertebrati più elevati, e specialmente gli uomini, dimostrano tale asserzione. Quanto all'intelligenza, se tutti i darwinisti sono d'accordo con Darwin nel pensare che è l'arma più potente nella lotta per la vita e il più efficace elemento di evoluzione, essi ammetteranno pure che l'intelligenza è una qualità eminentemente sociale. Il linguaggio, l'imitazione e le esperienze accumulate, sono altrettanti elementi di progresso intellettuale del quale l'animale insocievole è privo. Sicché noi troviamo in testa alle differenti classi d'animali le formiche, i pappagalli, le scimmie, che uniscono tutti la maggiore socievolezza al più alto grado di intelligenza. I più capaci per la vita sono dunque gli animali più socievoli, e la socievolezza si dimostra uno dei fondamentali elementi di evoluzione, sia direttamente, assicurando il benessere alla specie e risparmiando le loro energie, sia indirettamente favorendo lo sviluppo dell'intelligenza. Si aggiunga che la vita in società non sarebbe affatto possibile in assenza di sentimenti sociali e particolarmente di un certo senso di giustizia collettiva tendente a diventare un'abitudine. Se ogni individuo abusasse sempre dei suoi particolari vantaggi, senza che altri intervenissero in difesa del più debole, nessuna vita sociale sarebbe possibile. Sicché, sentimenti di giustizia si sviluppano, più o meno, presso tutti gli animali che vivono a gruppi.

Le rondini o le gru, tornano al nido costruito o riparato l'anno precedente; se un passero vuole appropriarsi di un nido che un compagno sta costruendo, o cerca di sottrarre qualche pagliuzza, il gruppo interviene contro l'approfittatore, ed è chiaro che se questo intervento non rappresentasse una regola, gli uccelli non potrebbero, mai, come fanno, associarsi per nidificare.

Gruppi distinti di pinguini dispongono ciascuno di posti diversi per riposare e pescare, e non se li disputano mai. Gli armenti di bestiame in Australia occupano, gruppo per gruppo, dei posti dai quali non si discostano mai. Esistono molti esempi della concordia che regna tra le associazioni di nidi degli uccelli, nei villaggi dei roditori e nei branchi di erbivori; d'altra parte non conosciamo che pochissimi animali socievoli che litighino continuamente come fanno i topi nelle cantine, o i trichechi per il posto al sole sulla riva. Sicché la socievolezza limita la lotta fisica e permette lo svolgimento dei migliori sentimenti morali.

I I grande sviluppo dell'amore materno in tutte le classi di animali, perfino nel leone e nella tigre, è molto noto. Nelle associazioni di uccelli giovani e di mammiferi è la simpatia — e non l'amore — a raggiungere un alto grado di sviluppo.

Tralasciando i fatti davvero commoventi di affetto reciproco e di compassione tra gli animali domestici e quelli in prigionia, disponiamo di molti esempi di compassione tra gli animali selvaggi in libertà. Max Perty e L. Bucbner ne hanno forniti molti; \. C. Wood, racconta di una donnola accorsa a sollevare e a trasportare una compagna ferita ; il capitano Stansbury, nel suo viaggio verso l'Utah (fatto citato da Darwin), vide un pellicano cieco nutrito perfettamente da compagni che gli portavano i pesci da una distanza di circa quarantacinque chilometri ; H.A. Wedell notò ripetutamente che quando un branco di vigogne era inseguito da cacciatori, ì maschi più forti rimanevano indietro per proteggere la ritirata del branco. Quanto agli episodi di compassione per i compagni feriti, gli zoologi esploratori ne citano una quantità. Tali fatti sono del tutto naturali, in quanto la compassione è un necessario prodotto della vita sociale.

Inoltre la compassione dimostra un alto grado di intelligenza e di sensibilità. Essa è il primo passo verso Io sviluppo dei più alti sentimenti morali, ed è anche un elemento potente di ulteriore evoluzione. Se ciò che è stato detto nelle pagine precedenti è esatto, necessariamente ci si chiede: fino a qual punto questi fatti sono compatibili con la teoria della lotta per la vita esposta da Darwin, Wallace e discepoli? Risponderemo brevemente a tale domanda. Anzitutto bisogna dire che nessun naturalista può dubitare che l'idea di una lotta per la vita, estesa a tutta la natura organica, non sia la più grande generalizzazione del nostro secolo. La vita è lotta, ed in questa lotta il più adatto sopravvive. Ma se ci si chiede: — con quali armi si sostiene questa lotta? e quali sono le più adatte? —, le risposte saranno molto differenti a seconda dell'importanza data a ciascuno dei due aspetti della lotta: l'uno diretto, per il nutrimento e la sicurezza di individui separati; e l'altro — la lotta che Darwin descriveva come « metaforica », molto spesso collettiva —, contro le circostanze avverse. E' chiaro che esiste una certa lotta reale per il nutrimento; ma importante è sapere se essa ha le proporzioni espresse da Darwin e da Wallace, e se ha esercitato nell'evoluzione del regno animale la funzione che le si attribuisce.

L'opera di Darwin è basata sull'idea di una reale competizione all'interno di ogni gruppo animale, per la nutrizione, la sicurezza dell'individuo e le possibilità riproduttive. Il grande naturalista parla spesso di regioni talmente sature di vita animale da giustificare la lotta per la vita; ma quando noi cerchiamo nella sua opera le prove reali di questa lotta, dobbiamo confessare che restiamo delusi. Se ci riferiamo al paragrafo intitolato « La lotta per la vita è tanto più aspra quanto più avviene tra individui e varietà della stessa specie », non vi troviamo quell'abbondanza di prove e di esempi che di solito notiamo nei suoi scritti.

La lotta tra individui di una stessa specie non è confermata, in questo paragrafo, da nessun esempio; essa è ammessa assiomaticamente; e la lotta tra specie simili, non è provata che da cinque esempi, dei quali almeno imo (quello relativo a due specie di tordi), sembra oggi totalmente privo di fondamento. E quando cerchiamo maggiori particolari per fissare fino a qual punto il deperimento di una specie è dovuta all'accrescimento di un'altra, Darwin, con la sua buona fede abituale, ci dice: « Noi possiamo soltanto intravedere il perché la competizione debba essere più feroce tra specie che occupano quasi la stessa area; ma probabilmente non potremo mai dire con certezza perché una specie si affermi a spese di un'altra nella grande battaglia della vita ». Quanto al Wallace che cita gli stessi fatti sotto un titolo leggermente modificato: « *La lotta per la vita tra gli animali e le piante strettamente imparentati è SPESSO delle più aspre* » (il corsivo è mio), egli fa la seguente osservazione, che cambia del tutto la affermazione sopra citata: « IN CERTI CASI, indubbiamente, esiste la guerra tra le due specie, in quanto la più forte uccide la più debole; ma QUETO NON E' ASSOLUTAMENTE NECESSARIO, e vi possono essere dei casi in cui la specie più debole fisicamente, sopravvive per il suo più rapido potere riproduttivo, per la sua maggiore resistenza ai mutamenti climatici, o per la sua più grande abilità nell'evitare il nemico ».

In tali casi, ciò che viene definita competizione non può significare vera competizione. Una Specie soccombe, non perché sterminata o affamata da un'altra specie, ma perché non si adatta bene alle nuove condizioni, a differenza dell'altra.

Qui, la espressione « lotta per la vita » è nuovamente impiegata in senso metaforico. In quanto a una reale competizione tra individui della stessa specie (cfr. l'esempio sui bestiami dell'America del sud durante un periodo di siccità), tale esempio perde valore perché relativo ad animali domestici. In condizioni simili, i bisonti emigrano per evitare la lotta. Per quanto dura sia la lotta delle piante — e ciò è provato a sufficienza — non possiamo che ripetere l'osservazione del Wallace, il quale fa notare che « le piante vivono dove possono », mentre gli animali scelgono la loro residenza. Sicché ci chiediamo di nuovo: fino a qual punto la competizione esiste realmente in ogni specie animale? Su cosa si basa tale opinione?

Occorre fare la stessa osservazione riferendoci all'argomento indiretto a favore di una implacabile competizione e una lotta per la vita all'interno di ogni specie; argomento preso « dallo sterminio delle varietà transitorie », così spesso affermato dal Darwin. Si sa che per molto tempo egli fu tormentato dalla difficoltà dovuta all'assenza di una ininterrotta catena di forme intermedie tra le specie prossime; difficoltà che superò "supponendo lo sterminio delle forme intermedie.

Tuttavia, una attenta lettura dei vari passi in cui Darwin e Wallace trattano tale argomento, ci fa concludere che « sterminio » non deve essere valutato etimologicamente; l'osservazione di Darwin sull'espressione « lotta per la vita », vale anche per la parola « sterminio »; cioè: non bisogna valutarla in senso letterale, ma metaforico. Se supponiamo che un dato spazio è popolato da un così grande numero di animali da non poterne più contenere degli altri (ciò che determina una dura concorrenza, in quanto ogni animale è obbligato a combattere tutti i suoi congeneri per procurarsi il cibo quotidiano), allora la nascita di una nuova varietà vincitrice significherebbe, in molti casi, l'apparizione di individui capaci di appropriarsi non solo della loro necessaria porzione di sussistenza, ma anche di una quantità a loro non necessaria; sicché, questi individui vincerebbero affamando anzitutto la varietà primitiva sprovvista delle nuove modificazioni e poi le varietà intermedie che non le posseggono allo stesso grado. Probabilmente è in questo modo che Darwin si è rappresentato l'apparizione di nuove varietà; il frequente uso della parola « sterminio » lo fa supporre; ma Darwin e Wallace conoscevano troppo bene la natura per non accorgersi che questa prospettiva non è la sola possibile.

Se le condizioni fisiche e biologiche di una data regione, l'estensione dell'area occupata da una specie *e* le abitudini dei membri di questa restassero invariabili, in simili condizioni l'improvvisa apparizione di una nuova varietà potrebbe significare l'annientamento per fame e sterminio dì tutti gli individui insufficientemente dotati delle nuove qualità specifiche della nuova varietà. Ma è proprio un tale concorso di circostanze che noi non vediamo nella natura. Ogni specie tende ad estendere continuamente il suo territorio; le migrazioni verso nuovi domini rappresentano la regola, tanto per la lenta lumaca che per l'uccello veloce; le condizioni fisiche si trasformano senza sosta in ogni regione, e le nuove varietà di animali generalmente si formano non per lo sviluppo di nuove armi capaci di strappare il nutrimento ai loro simili — nutrimento che è solo una delle diverse condizioni necessarie alla vita — ma, come lo stesso Wallace dice nel paragrafo sulla « divergenza dei caratteri» (Darwinism, pag. 107), queste differenti varietà si formano tramite l'acquisizione di nuove abitudini, la migrazione verso nuove dimore e l'avvezzarsi a nuovi alimenti. In tali casi non vi sarà né sterminio, né competizione, in quanto il nuovo adattamento EVITERÀ' LA COMPETIZIONE, AMMESSO CHE QUESTA SIA MAI ESISTITA. Tuttavia, dopo un certo tempo, vi sarà assenza di forme intermedie a causa della sopravvivenza dei meglio preparati alle nuove condizioni — e ciò sempre nella ipotesi dello sterminio della forma ancestrale. Infine, se ammettiamo con Spencer, con tutti i Lamarchiani e con Darwin stesso, la funzione moderatrice degli ambienti sulle specie, diventa ancora meno necessario accettare lo sterminio delle forme intermedie.

L'importanza dell'emigrazione e dell'isolamento dei gruppi animali che ne consegue per l'evoluzione delle nuove varietà e delle nuove specie, fu notata da Moritz Wagner e completamente accettata dallo stesso Darwin. Le successive ricerche hanno confermato la importanza di tale elemento, dimostrando come una grande estensione dell'area occupata da una specie — estensione che Darwin valutava giustamente come condizione essenziale per l'apparizione di nuove varietà —, possa combinarsi con l'isolamento di certi gruppi, in quanto prodotto da mutamenti geologici locali o da ostacoli topografici. Qui è impossibile analizzare a fondo tale problema, ma qualche osservazione potrà mostrare il concatenamento di queste cause diverse.

E' noto che dei gruppi di una data specie si adattano spesso a un nuovo tipo di alimenti. Per esempio, gli scoiattoli,, quando vi è carestia di pigne nelle foreste di larici, si trasferiscono nelle abetaie e tale cambiamento di nutrizione determina effetti biologici ben noti. Se tale mutamento di condizioni non dura e le pigne saranno di nuovo facilmente reperibili, è chiaro che nessuna nuova specie di scoiattoli sarà stata prodotta da questo fatto. Ma se una parte del vasto territorio occupato da essi subisce un mutamento fisico; cioè: se, per esempio, il clima diventa dolce o si manifesta una siccità locale (due cause che produrrebbero un accrescimento degli abeti rispetto ai larici), e se qualche altra circostanza spinge gli scoiattoli a stabilirsi ai margini della foresta inaridita, avremo allora una nuova varietà, cioè la nascita di una nuova specie in assenza di sterminio. Un accrescimento sempre maggiore della nuova varietà di scoiattoli, meglio adatti alle circostanze determinerebbe, CON IL PASSARE DEL TEMPO, l'eliminazione degli anelli intermedi della catena, senza l'intervento distruttore di rivali malthusiani.

Ciò è quello che vediamo precisamente prodursi dai grandi cambiamenti climatici in vasti spazi dell'Asia centrale, causati dalla progressiva siccità seguente il periodo glaciale. Consideriamo un altro esempio. Due geologi hanno dimostrato che l'odierno cavallo selvaggio (Equus Przewalsk:), è il prodotto di una lenta evoluzione avvenuta durante il Pliocene e il Quaternario; ma durante questo periodo gli antenati del cavallo non sono mai stati confinati in uno spazio limitato del globo; al contrario, hanno effettuato moltissime e lunghe migrazioni nel Vecchio e nel Nuovo Mondo, tornando, come è probabile, dopo un certo tempo, ai pascoli che prima avevano abbandonato). Sicché, se adesso non troviamo in Asia le catene intermedie tra il cavallo selvaggio attuale ed i suoi antenati asiatici della fine del terziario, ciò non vuol dire affatto che tali anelli siano stati distrutti. Nessun simile sterminio è mai avvenuto. Forse non si è nemmeno avuta una eccessiva mortalità tra le specie originarie; gli individui appartenenti a specie e varietà intermedi sono morti in modo molto comune — spesso in mezzo a pascoli abbondanti — e i loro resti si trovano seppelliti dappertutto.

Insomma, se analizziamo attentamente tale argomento e rileggiamo ciò che lo stesso Darwin scrisse, ci accorgiamo che, se vogliamo usare la parola « sterminio » per le varietà di transizione, dobbiamo intenderla metaforicamente. Quanto alla competizione, anche questo termine è usato continuamente da Darwin (cfr. il paragrafo «Sulla estinzione») in senso figurato; cioè, più come un modo di dire che per dare l'idea di una reale lotta tra due gruppi di una stessa -specie per Ì mezzi di esistenza, in ogni caso, l'assenza di forme intermedie non è argomento che provi tale competizione.

In realtà, l'elemento fondamentale a favore di una aspra competizione per i mezzi di sussistenza, per dirla con il prof. Geddes, è quello « aritmetico » preso a prestito dal Malthus. Ma tale elemento non è affatto sicuro. Esaminando un certo numero di villaggi russi del . sud-est, i cui abitanti godono di una reale abbondanza di nutrimento, ma che sono sprovvisti dì organizzazione sanitaria, e notando che negli ultimi ottant'anni, malgrado un tasso dì natalità del sessanta per mille, la popolazione non è aumentata, si potrebbe concludere che tra gli abitanti ci sia stata una terribile competizione per la vita.

Ma la verità è un'altra: se la popolazione è rimasta sempre la stessa, ciò è dovuto al semplice fatto che un terzo dei nuovi nati mori prima di avere raggiunto i sei mesi, la metà nei quattro anni successivi, e, su cento bambini, soltanto diciotto circa raggiunsero 1 vent'anni.

I nuovi venuti morivano prima di raggiungere l'età in cui avrebbero potuto diventare dei concorrenti. E' chiaro che se il corso delle cose è questo, fra gli uomini è peggio che fra gli animali. La distruzione di uova di uccelli è tanto grande da permettere il nutrimento a diverse specie al principio dell'estate; e cosa dire dei temporali, delle inondazioni che distruggono in America e in Asia milioni di nidi, o degli improvvisi mutamenti di temperatura che uccidono una massa enorme di giovani mammiferi? Ogni uragano, ogni inondazione, ogni sbalzo di temperature, ogni visita di topo a un nido dì uccello, elimina questi concorrenti che in teoria sembrano così terribili. Quanto ai fenomeni di moltiplicazione estremamente rapida di cavalli e di bestiame in America, di maiali e di conigli in Nuova Zelanza o anche di animali selvaggi importati dall'Europa (dove il loro accrescimento è limitato dall'uomo e non dalla concorrenza), ci sembra che rappresentino proprio una prova contraria alla teoria della sovrappopolazione. Se i cavalli e il bestiame hanno potuto moltiplicarsi così rapidamente in America, ciò prova soltanto che, malgrado il grande numeri di bisonti e di altri ruminanti che esistevano in passato nel Nuovo Mondo, la popolazione erbivora era ancora inferiore a quella che le praterie potevano sopportare.

Se milioni di nuovi arrivati hanno potuto trovare un nutrimento abbondante, senza affamare i già presenti, dobbiamo desumere che gli Europei trovarono gli erbivori insufficienti e non eccessivi. E abbiamo buone ragioni per credere che la deficienza di popolazione animale sia lo stato naturale delle cose nel mondo intero, tranne pochissime eccezioni. Infatti, il numero degli animali in una data regione è determinato, non dalla maggiore quantità di nutrimento che tale regione può fornire, ma dai prodotti delle annate peggiori. Per ciò, la competizione non può essere una condizione normale; altre cause debbono ancora intervenire per abbassare la popolazione animale anche al di sotto di tale livello. Se consideriamo i cavalli e il bestiame che trascorrono tutto l'inverno sulle steppe della Transbaikalia, notiamo che alla fine della stagione sono tutti magri e sfiniti; ma non per insufficiente nutrimento — l'erba seppellita sotto un lieve strato di neve esiste dappertutto — bensì per la difficoltà di raggiungere tale erba, e questa difficoltà è la stessa per tutti i cavalli. Per giunta i giorni di nevischio sono frequenti all'inizio della primavera, e i cavalli si spossano facilmente. Se poi si scatena una tempesta di neve e i cavalli già sfiniti sono costretti a digiunare parecchi giorni, è chiaro che ne muoiono parecchi. Le perdite durante la primavera sono così grandi, se la stagione è stata più dura del solito, che nemmeno le nuove nascite riescono a coprirle (a parte il fatto dello spossamento che fa nascere deboli i puledri. Sicché il numero dei cavalli e del bestiame è sempre al di sotto di quello che potrebbe essere. Per tutto l'anno c'è nutrimento sufficiente ad alimentare un numero di animali cinque volte superiore o addirittura dieci; eppure il loro numero non cresce che molto lenta mente.

Ma per poco che il proprietario faccia provvista di fieno per distribuirlo agli animali durante i giorni di nevischio, il loro numero aumenta. Quasi tutti gli erbivori allo stato libero e molti dei roditori asiatici e americani sono nelle stesse condizioni; possiamo dunque dire che il loro numero non è limitato dalla competizione, cioè, non è vero che sono costretti a battersi tutto l'anno per il nutrimento: se restano lontani dal sovrappopolamento è per il clima e non per la competizione.

Tale osservazione ci sembra non sia mai stata valutata come meritava. Gli ostacoli, o meglio alcuni di essi, sono citati, ma raramente viene analizzata la loro azione. Se però consideriamo gli effetti della competizione e quelli delle riduzioni naturali, dobbiamo subito riconoscere che questi ultimi sono molto più importanti. Bates nota il numero davvero spaventoso delle formiche alate distrutte durante il loro esodo.

I corpi morti o mezzo morti delle formiche portati dalla tempesta sul fiume « erano ammucchiati in una colonna alta e larga un pollice, per una lunghezza di parecchi chilometri lungo la riva. Milioni di formiche vengono così distrutte in mezzo a una natura così ricca da poterne nutrire un numero almeno cento volte superiore a quello attuale.

II Dr. Altum, naturalista tedesco che ha scritto un libro interessantissimo sugli animali nocivi delle nostre foreste, riferisce molti fatti che dimostrano l'immensa importanza degli ostacoli naturali. Dice che durante l'esodo dei bombici del pino (Bom-byx pini) causato dalla tempesta e dal freddo, un incredibile numero di essi morì, e nella primavera del 1871 sparirono tutti quanti, uccisi probabilmente da una serie di notti fredde. Sempre sugli insetti, si potrebbero citare moltissimi altri esempi. A proposito del bombice del pino, il Dr. Altum ci parla dei nemici di questa farfalla, uccelli e volpi le quali distruggono le sue uova; ma aggiunge che i funghi parassiti che le infettano periodicamente sono dei nemici ancora peggiori in quanto distruggono i bombici su grandi spazi e contemporaneamente.

Quanto a certe specie di topi (Mus sylviticus, Arvicola arvalis e A. agrestis), l'autore ci dà un lungo elenco dei loro nemici, ma vi aggiunge questa osservazione: « i loro più terribili nemici non sono altri animali, ma i bruschi mutamenti del tempo che avvengono quasi annualmente ».

Il gelo e il calore alternato li distruggono in grandi quantità; « un solo brusco cambiamento di temperatura può ridurre migliaia di topi ad alcuni individui ». Un inverno caldo, o un inverno graduale, li fa moltiplicare in proporzioni minacciose, malgrado qualsiasi nemico (ciò accadde nel 1876 e nel 77); sicché la competizione, nel caso dei topi, sembra poco importante in rapporto alla tempeatura; e dei fatti analoghi sono stati osservati per gli scoiattoli. Quanto agli uccelli, è noto quanto soffrano per i bruschi mutamenti di tempo. Le tardive tempeste di neve distruggono gli uccelli sia nelle lande inglesi che in Siberia; e Ch. Dixon ha visto i tetras così pròvati, in certi inverni particolarmente rigidi, da abbandonare le lande quasi in massa; « è accertato che ne sono stati presi perfino nelle strade di Sheffield.

Anche le piogge persistenti sono loro quasi altrettanto fatali. Le malattie contagiose che colpiscono continuamente la maggioranza delle specie animali, sono anch'esse così irreparabili che nemmeno una rapida riproduzione può compensarle. Circa sessanta anni fa, i souslicks sparirono improvvisamente dalla regione della Sarepta, nella Russia del sud-est, per qualche epidemia e per molto tempo non se ne vide più nemmeno uno. Ci vollero molti anni perché tornassero numerosi come prima.

Di fatti simili, contrari alla competizione, se ne potrebbero citare a centinaia. E' vero che si potrebbe replicare con le seguenti parole del Darwin: « Ogni essere organizzato, in qualche periodo della sua vita, in ogni generazione, o a intervalli, deve lottare per la propria vita subendo gravi perdite » (e i meglio dotati sopravvviverebbero); ma se l'evoluzione del mondo animale fosse basata principalmente sulla sopravvivenza dei meglio dotati durante i periodi di calamità; se la selezione naturale fosse limitata da eccezionali periodi di siccità o da brusche variazioni climatiche o da inondazioni, la decadenza diventerebbe la regola nel mondo animale.

I sopravvissuti ad una carestia, ad una violenta epidemia di colera o di vaiolo spurio, o di difterite, come noi li vediamo nei paesi non civilizzati, non sono né i più forti, né i più sani, né i più intelligenti. Nessun progresso potrebbe essere fondato su tale sopravvivenza, tanto più che tutti i sopravvissuti escono di solito dalla prova con la salute indebolita (vedi i cavalli della Transbaikalia, o gli equipaggi delle spedizioni artiche, o la guarnigione di una fortezza che dopo mesi dì mezza razione rimane con la salute rovinata e diventa vittima di una mortalità anormale. Tutto ciò che la selezione naturale può fare durante epoche disastrose, è risparmiare gli individui dotati della più grande resistenza per qualsiasi genere di privazioni. Così è dei cavalli e del bestiame siberiano. Essi sono resistenti; possono, in caso di necessità, nutrirsi di betulla polare; resistere al freddo e alla fame. Ma il cavallo siberiano non può portare nemmeno la metà del peso che il cavallo europeo porta naturalmente; una vacca siberiana dà meno della metà del latte che normalmente fornisce una vacca di Jersey, e gli indigeni dei paesi non civilizzati non possono essere paragonati agli Europei. Essi sopportano più facilmente il freddo e la fame, ma la loro forza fisica è inferiore a quella di un Europeo ben nutrito, e i loro progressi intellettuali sono più lenti. Tchernychevsky, in un importante saggio sul Darwismo dice: « il male non può produrre il bene » . Molto fortunatamente la competizione non è la regola nel mondo animale né del genere umano, ma si limita a periodi eccezionali, sicché la selezione naturale trova molte migliori occasioni per realizzarsi, ELIMINANDO CIOÈ' LA CONCORRENZA tramite il reciproco aiuto e il mutuo appoggio.

Nella grande lotta per la vita — per la più grande pienezza e intensità di vita, con la minore perdita di energia—, la selezione naturale cerca sempre di evitare la competizione quanto più è possibile. Le formiche si uniscono in gruppi e in colonie, accumulano provviste e allevano il loro bestiame; evitano cioè la competizione: e la selezione naturale sceglie tra formiche le specie che sanno meglio evitare la competizione e i mali che questa necessariamente comporta. La maggior parte dei nostri uccelli si ritira lentamente verso il sud quando viene l'inverno, o si riunisce in moltissime società, e intraprende lunghi viaggi, evitando così la competizione. Molti roditori cadono in letargo all'epoca in cui avverrebbe la competizione, mentre altri accumulano cibo per l'inverno e si riuniscono in grandi villaggi per assicurarsi la protezione al loro lavoro. La renna emigra verso il mare quando i licheni sono troppo secchi nella zona interna. I bisonti attraversano immensi continenti allo scopo di trovare abbondante nutrimento. I castori, quando diventano troppo numerosi sopra un fiume, si dividono in due branchi e si separano: i vecchi scendono il fiume e i giovani lo risalgono: evitano la concorrenza. E quando gli animali non possono né emigrare, addormentarsi, accumulare cibo, né allevare essi stessi quelli che li nutrono, come le formiche allevano gli afidi, allora fanno come quelle cincie che Wallace (Darwinism, cap. V), ha così bene descritto: ricorrono, cioè, a nuovi tipi di nutrimento e così evitano ancora la competizione. « Niente competizione! La competizione è sempre nociva alla specie ed esistono moltissimi altri mezzi per evitarla! ».

Questa è la tendenza della natura; non sempre viene realizzata, ma in ogni caso è sempre presente. Essa è la parola d'ordine che ci dicono il cespuglio, la foresta, il fiume e l'oceano; « Unitevi! praticate il mutuo appoggio! Esso è il mezzo più sicuro per realizzare la sicurezza, garantire l'esistenza e il progresso fisico, intellettuale e morale ».

Ecco ciò che la natura ci insegna; e questo è quanto hanno fatto «quegli animali che hanno raggiunto la più alta posizione nelle loro rispettive classi. Ed è anche ciò che l'uomo primitivo ha fatto; ed è per questo che l'uomo ha potuto raggiungere la posizione attuale, così come vedremo nei prossimi capitoli, dedicati al mutuo appoggio nelle società umane.

IL MUTUO APPOGGIO TRA I SELVAGGI

La grande importanza del mutuo appoggio nella evoluzione del mondo animale è stata brevemente analizzata nei capitoli precedenti.

Adesso dobbiamo considerare l'importanza del mutuo appoggio nella evoluzione del genere umano. Abbiamo visto come siano rare le specie animali o gli individui che vivono isolati, e come numerose siano quelle che si associano per la mutua difesa, per la caccia, per accumulare provviste, allevare la prole, o anche soltanto per godere della vita in comune. Abbiamo notato che, anche se esiste talvolta la guerra, la regola generale però consiste nella concordia e nel mutuo appoggio all'interno della tribù e della specie; abbiamo visto che le specie più socievoli, evitando la concorrenza, hanno maggiori probabilità di progredire e prosperare; le specie non socievoli, al contrario, deperiscono. Sicché, se anche l'uomo non avesse seguito questa regola, sarebbe una eccezione; è impossibile cioè, che l'uomo abbia trovato la causa del suo progresso, non nel mutuo appoggio, ma nella sfrenata concorrenza per vantaggi personali, senza curarsi degli interessi della specie. Per uno spirito abituato a vedere l'unità nella natura, tale affermazione sarebbe assurda. Tuttavia vi sono sempre stati scrittori che hanno giudicato con pessimismo il genere umano, Essi lo conoscono più o meno superficialmente nei limiti della loro esperienza; sanno, cioè, della storia ciò che dicono gli annalisti. Sempre attenti alle guerre, alla crudeltà, alle oppressioni, concludono che il genere umano non è che un fluttuante aggregato dì individui sempre pronti a battersi e trattenuti dal fare ciò soltanto da qualche autorità. Tale è stato il pensiero di Hobbes, ed anche se alcuni dei suoi successori si sforzarono di dimostrare che nemmeno nella sua più primitiva condizione l'uomo ha vissuto in uno stato di guerra continua, e che è stato socievole anche allo « stato di natura », e che fu l'ignoranza e non le sue cattive tendenze naturali a spingerlo agli orrori delle prime guerre storiche, la scuola di Hobbes, al contrario, continuò ad affermare che il preteso « stato di natura » non era che una guerra permanente tra individui accidentalmente riuniti; riuniti, cioè, per il semplice capriccio della loro bestiale esistenza. E vero che la scienza ha molto progredito dopo Hobbes sicché oggi possiamo basarci su elementi più sicuri delle sue speculazioni e di quelle del Rousseau; ma la filosofia di Hobbes ha ancora molti sostenitori; anzi, da poco è nata una scuola di scrittori i quali, applicando la terminologia di

Darwin, più delle sue idee fondamentali, hanno trovato argomenti in favore delle opinioni di Hobbes sull'uomo primitivo; e a tali argomenti sono riusciti a dare una apparenza scientifica. Huxley, come è noto, si mise a capo di tale scuola, e in suo articolo del 1888, presentò gli uomini primitivi come tigri o leoni privi di qualsiasi concezione etica, amanti delle lotte più crudeli e di una vita di « libero combattimento continua ». Per dirla con lui « al di fuori dei legami ristretti e temporanei della famiglia, la guerra di cui parla Hobbes di ciascuno contro rutti era Io stato normale dell'esistenza » .

Si è fatto notare più di una volta che l'errore fondamentale di Hobbes e dei filosofi del XVIII secolo, era quello di credere che il genere umano sia comibciato sotto la forma di piccole famiglie isolate, simili alle famiglie « limitate e temporanee »dei grandi carnivori, mentre ora si sa con sicurezza che non è stato così. Ovviamente noi non abbiamo prove dirette della vita dei primi esseri umani; né siamo certi della epoca della loro prima apparizione; i geologi moderni la stabiliscono nel pliocene o anche nel miocene; in ogni caso disponiamo del metodo indiretto che ci permette almeno dì intravedere questa remota antichità. Una profonda analisi delle istituzioni sociali dei po poli primitivi è stata fatta m questi ultimi anni, e ha rivelato tra le istituzioni attuali tracce indiscutibili di più antiche istituzioni da molto tempo scomparse. Una scienza dedicata alle origini umane è stata creata e sviluppata da Bachofen, MacLennan, Morgan, E. Taylor, Maine, Post, Kovalevsky, Lubbock e altri. Tale scienza ha dimostrato con certezza che l'umanità NON HA cominciato sotto forma di famiglie isolate. Piuttosto che una primitiva forma organizzativa, la famiglia è un prodotto tardivo della evoluzione umana. Per quanto lontano possiamo andare nella paleo-etnologìa umana, troviamo gli uomini viventi in società, in tribù simili a quelle dei mammiferi più elevati ed è stata necessaria una evoluzione estremamente lenta e lunga per condurre queste società alla organizzazione che, a sua volta, dovette subire un'altra lunghissima evoluzione, perché i primi germi della famiglia, poligama o monogama, potessero apparire. Le prime forme organizzative del genere umano furono così le società, le bande e le tribù, ma non le famiglie. A ciò è giunta l'etnologia dopo laboriose ricerche, dimostrando un tatto che anche uno zoologo avrebbe potuto prevedere.

Nessuno dei mammiferi superiori, tranne qualche carnivoro o qualche specie di scimmie, la cui decadenza è indubitabile, orangutang e gorilla, vive in piccole famiglie erranti isolate nei boschi. In genere vivono in società. D'altra parte anche Darwin, ha così ben capito che le scimmie viventi isolate non avrebbero mai potuto trasformarsi in esseri umani da considerare l'uomo come discendente da una specie relativamente debole, ma socievole, qual è quella dello scimpanzé, piuttosto che da una specie più forte, ma non sociévole, qual è il gorilla. La zoologia e la paleontologia così sono d'accordo che la prima forma della vita sociale è stata il branco e non la famiglia.

Le prime società umane rappresentarono soltanto uno sviluppo ulteriore di quelle società che costituivano l'essenza stessa della vita degli animali più elevati. Basandoci sull'evidenza positiva, notiamo che le prime tracce umane del periodo glaciale o postglaciale, provano chiaramente che in tali epoche l'uomo viveva in aggruppamenti. Gli utensili di pietra vengono trovati molto di rado isolati; al contrario, quando si scopre un

utensile di silice, spesso si è sicuri di trovarne ancora una quantità. Quando gli uomini abitavano nelle caverne o in ricoveri di roccia in compagnia dì mammiferi oggi scomparsi, riuscendo appena a fabbricare delle asce di silice molto grossolane, conoscevano già i vantaggi della vita in società. Nelle vallate degli affluenti della Dordogna, la superficie delle rocce è, in alcuni luoghi, totalmente coperta di caverne che furono abitate dagli uomini paleolitici. Talvolta queste caverne, un tempo abitate, risultano sovrapposte per piani, e certamente ricordano più le colonie dei nidi di rondine che le tane dei carnivori. Quanto agli strumenti in silice scoperti in queste caverne, per dirla con il Lubbock, si può dire senza esagerare che sono « innumerevoli ». Ciò non è vero per altre STAZIONI paleolitiche. Sembra, anche dopo le ricerche del Lartet, che presso gli abitanti paleolitici della regione d'Aurignac a sud della Francia, la tribù intera prendesse parte ai pasti in occasione del seppellimento dei morti. Sicché gli uomini vivevano in società e avevano, anche in tale epoca remota, principi di culto.

Il fatto risulta ancora meglio provato nel periodo più recente All'età della pietra. Le tracce dell'uomo neolitico sono moltissime, sicché possiamo ricostruire sotto molti aspetti la sua maniera di vivere. Quando la grande calotta di ghiaccio dell'epoca glaciale (che doveva estendersi dalle regioni polari fino al centro della Francia, della Germania centrale e della Russia centrale, e che in America ricopriva parte del Canada ed una grande parte di ciò che oggi forma gli Stati Uniti) cominciò a sciogliersi, le superfici liberate dal ghiaccio furono prima coperte da paludi e da pantani e, più tardi, da una moltitudine di laghi. Laghi si formarono in tutte le depressioni delle vallate, prima che le loro acque avessero scavato quei canali permanenti che, in epoca posteriore, sono diventati i nostri fiumi. E dovunque noi esploriamo, in Europa, in Asia, in America, le moltissime rive lacustri di questo periodo, il cui vero nome dovrebbe essere « periodo lacustre », troviamo tracce dell'uomo neolitico. Sono tanto numerose che possiamo non meravigliarci "della densità relativa della popolazione a quell'epoca. Le « stazioni » dell'uomo neolitico si succedono da vicino le une alle altre sopra i terrapieni che ora segnano le rive degli antichi laghi.

E in ciascuna stazione gli strumenti di pietra sono stati trovati in tale quantità che sicuramente quei luoghi furono abitati per secoli da tribù abbastanza numerose. Veri laboratori di strumenti di silice testimoniano della riunione di un gran numero di operai. Le tracce di un periodo più progredito caratterizzato già dall'uso di qualche stoviglia, si trovano negli ammassi di conchiglie della Danimarca. Come è noto, tali ammassi si mostrano come mucchi di due o tre metri di spessore, da trenta a circa cinquanta metri di lunghezza, e sono così comuni, lungo alcune parti della costa, che per molto tempo vennero considerati come dei prodotti naturali. Tuttavia, « non contengono NULLA che non abbia in un modo o nell'altro servito all'uomo », e sono così pieni dei prodotti dell'industria umana che durante un soggiorno di due giorni a Milgaard, Luddock dissotterrò non meno di 191 frammenti di utensili di pietra e quattro frammenti di stoviglie. Lo spessore e la estensione di questi ammassi di conchiglie provano che per successive generazioni le coste danesi furono abitate da centinaia di piccole tribù viventi insieme pacificamente come vivono ai nostri giorni le tribù fuegine le quali accumulano anch'esse moltissime conchiglie.

Quanto alle abitazioni lacustri della Svizzera che rappresentano una tappa più evoluta della civiltà, esse sono una prova più convincente della vita e del lavoro sociale. Anche durante l'età della pietra le rive dei laghi svizzeri erano cosparse di villaggi; ciascuno di questi era formato da parecchie capanne costruite su una piattaforma sostenuta da numerosi pilastri piantati in fondo a un lago. Sulle rive del lago Lemano si sono scoperti non meno di 34 villaggi, la maggior parte dell'età della pietra; 32 nel Iago di Costanza; 46 nel lago di Neuchàtel: ciascuno di questi villaggi dimostra l'immensa forma di lavoro compiuto in comune dalla tribù e non dalla famiglia. Già si è fatto osservare che la vita degli uomini delle abitazioni lacustri dovette essere libera da guerre. E molto probabilmente è così, a giudicare da ciò che conosciamo dei popoli primitivi, i quali vivono in villaggi simili costruiti su palafitte lungo le coste del mare. Anche da questo rapido sunto si vede che le nostre nozioni sull'uomo primitivo non sono così limitate e che, fino ad ora, sono piuttosto opposte che favorevoli alle speculazioni di Hobbes. Le nostre conoscenze possono essere completate, su molti punti, dalla diretta osservazione di quelle tribù primitive che attualmente sono allo stesso livello civile degli abitanti dell'Europa nelle epoche preistoriche. Edward Tylor e Lubbock hanno dimostrato abbastanza che le tribù primitive incontrate attualmente non sono affatto degli esemplari degeneri di una specie umana che avrebbe conosciuto una più alta civiltà;

tuttavia ai nostri argomenti contrari a tale opinione, si può aggiungere che, tranne qualche tribù che si annida tra le montagne più inaccessibili, i « selvaggi » formano come una cinta intorno alle nazioni più o meno civilizzate, e occupano le estremità dei nostri continenti, le quali presentano, in gran parte, i caratteri delle primitive epoche glaciali. Tali sono gli Esquimesi e i loro congeneri della Groenlandia, dell'America artica e del nord della Siberia, e nell'emisfero meridionale , gli Australiani, i Papuani, i Fuegini e in parte i Boschimani; invece, all'interno delle zone civilizzate, di tali popoli primitivi non se ne incontrano che nell'Himalaya, nelle montagne australiane e nelle pianure del Brasile.

Bisogna ricordare che l'età glaciale non ebbe termine di colpo e nello stesso tempo su tutta la superficie della terra. Essa dura ancora nella Groenlandia. Sicché, in una epoca in cui i paesi del litorale dell'Oceano Indiano, del Mediterraneo o del golfo del Messico godevano già di un clima più caldo e diventavano la sede di una civiltà più elevata, dei territori vastissimi in mezzo all'Europa, nella Siberia e nel nord America e nell'Australia meridionale restavano nelle condizioni primitive dell'epoca post-glaciale; e tali condizioni li rendevano inaccessibili alle nazioni civili delle zone torride e sub-torride. Questi territori erano in tali epoche ciò che ora sono i terribili OUR MANS del nord ovest della Siberia; e le loro popolazioni, inaccessibili e senza contatto con la civiltà, conservano i caratteri dell'uomo della primitiva epoca post-glaciale.

Quando, più tardi, il prosciugamento rese tali paesi più adatti all'agricoltura, essi furono popolati da immigranti più civilizzati; e mentre una parte dei primitivi abitanti veniva assimilata da nuovi venuti, gli altri emigrarono più lontano e si stabilirono dove noi lì troviamo oggi. I territori che abitano adesso sono ancora (o erano recentemente) sottoglaciali quanto ai loro caratteri fisici; le loro arti e i loro strumenti sono *gli stessi* di quelli dell'età neolitica; e, malgrado la differenza delle razze e le distanze che le separano, il loro modo di vita e le loro istituzioni sociali si rassomigliano notevolmente.

Sicché dobbiamo considerarli come dei frammenti di popolazione delle primitive epoche post-glaciali che occupavano allora le zone oggi civilizzate. Ciò che ci colpisce quando cominciamo a studiare i primitivi è la complessità della loro organizzazione nei legami del matrimonio. Presso la maggior parte di loro la famiglia, come noi la intendiamo, si trova appena in germe. Ma non si tratta di vaghi aggregati di uomini e donne che si uniscono senza ordine; tutti hanno un ordinamento determinato che il Morgan ha tracciato a grandi linee sotto il nome di organizzazione per « genti » o per clan. Senza analizzare completamente il soggetto che e molto vasto, ci basterà dire che oggi è provato che il genere umano ha attraversato, ai suoi inizi, una fase che può essere chiamata del « matrimonio comune ». cioè che nella tribù mariti e mogli erano in comune senza badare alla consanguineità. Ma è anche segno che già da molto tempo si tentò di limitare tali libere relazioni. Prima si vietò il matrimonio tra i figli di una madre e le sorelle di questa, le sue nipoti e le sue zie; più tardi Io si vietò anche tra i figli e le figlie di una stessa madre.

L'idea di una gens o di un clan comprendente tutti i discendenti di uno stesso stipite (o piuttosto tutti quelli che si erano riuniti in gruppo) si sviluppò e il matrimonio all'interno del clan fu completamente proibito. Il matrimonio continuò ad essere « comune » ma le donne e il marito dovevano essere presi da un altro clan. E quando una gens diventava troppo numerosa e si divideva in molte gentes (ciascuna divisa generalmente in quattro classi), il matrimonio non era autorizzato che tra certe classi ben definite. Ciò accade anche oggi tra gli Australiani che parlano il Kamilaroi.

Quanto alla famiglia, i primi germi apparvero all'interno dei clans. Una donna catturata in guerra in qualche clan e che prima avrebbe appartenuto alla gens intera, può essere ora tenuta dal rapitore, soddisfacendo certe condizioni verso la tribù. Tale donna poteva essere condotta in una capanna separata dopo aver versato un certo tributo al clan, e così si formava all'interno della gens la famiglia patriarcale separata, la cui apparizione indica una fase totalmente nuova della civiltà.

Ora, se consideriamo che tutto ciò accadeva presso individui pochissimo evoluti, e che si mantenne in società non condizionate da nessuna specie di autorità esclusa l'opinione pubblica, notiamo subito come gli istinti sociali erano già profondamente radicati nella natura umana ancora primordiale. Un selvaggio che è capace dì vivere sotto una tale organizzazione formata da regole che limitano continuamente i suoi personali interessi, non può essere definito una bestia priva di principi etici e totalmente incapace di frenare le sue passioni. Ma ciò diventa ancora più importante se si considera l'estrema antichità della organizzazione del clan. Oggi si sa che i Semiti primitivi, i Greci di Omero, i Romani preistorici, i Germani di Tacito, Ì primi Celti, i primi Slavoni, hanno avuto tutti il loro periodo di organizzazione per clan simile a quello degli Australiani, dei Pellirosse, degli Esquimesi e degli altri abitanti della « cinta dei selvaggi ». Sicché bisogna ammettere non solo che l'evoluzione dei costumi matrimoniali ha seguito uno stesso sviluppo in tutte le razze umane, ma che i rudimenti della organizzazione del clan sono nati in qualche antico comune dei Semiti, degli Ariani, dei Polinesi, etc, prima che si separassero in razze distinte, e che tali usi si sono conservati fino ad oggi tra razze divise da lungo tempo dal ceppo comune. Comunque sia, queste due alternative implicano una tenacia notevole della istituzione, in quanto, dopo decine di migliaia di anni di esistenza, tutti gli assalti dell'individuo non sono riusciti a distruggerla. La permanenza della organizzazione del clan dimostra quanto sia falso il rappresentare l'umanità primitiva come una agglomerazione disordinata di individui obbedienti solo alle loro passioni personali e rivolti a ottenere un utile solo dalla loro forza e abilità contro tutti gli altri rappresentanti della specie. L'individualismo estremo è un prodotto dei nostri giorni, e non una caratteristica della primitiva umanità . Consideriamo gli attuali Boschimani che non hanno abitazioni e vivono in buche scavate nella terra talvolta protette da un piccolo riparo. Quando gli Europei si stabilirono nel loro territorio e sterminarono gli animali selvaggi, i Boschimani si misero a rubare il bestiame dei coloni, sicché cominciò una guerra di sterminio troppo orribile perché io possa narrarla qui. Nel 1774 furono massacrati 500 Boschimani, 3.000 nel 1808 e 1809 e così via; furono avvelenati come topi e massacrati dovunque li si incontrava. Dunque le nostre nozioni sui Boschimani, ottenute dai loro stessi sterminatori, risultano molto limitate. Tuttavia sappiamo che quando gli Europei arrivarono, i Boschimani vivevano in piccole tribù (o clans) e che queste clans formavano talvolta delle confederazioni; e che avevano l'abitudine di cacciare in comune e si dividevano il bottino senza litigare; che essi non abbandonavano mai i loro feriti e dimostravano grande affetto verso i loro compagni. Lichtenstein racconta una storia molto commovente su dì un Bóschimano che stava per annegare in un fiume e che fu salvato dai suoi compagni. Essi sì spogliarono delle loro pellicce per ricoprirlo e tremanti di freddo lo asciugarono, lo massaggiarono davanti a un fuoco e gli spalmarono sul corpo un grasso caldo finché non l'ebbero richiamato in vita. Quando i Boschimani trovarono in Johan van der Walt un benefattore lo ripagarono con uno degli affetti più commoventi. Burchel e Moffat ne parlano come di esseri buoni, disinteressati, fedeli alle promesse e riconoscenti. E' chiaro che tali qualità non possono nascere e svilupparsi se non in una società molto unita. Quanto al loro amore per i figli, basta dire che quando un Europeo desidera fare schiava una donna boschimana, le rapisce il figlio: certamente la madre si farà schiava per condividere la sorte del suo figliuol. Gli stessi costumi sociali caratterizzano gli Ottentotti, appena più evoluti dei Boschimani. Lubbock li descrive come « i più sudici animali »; e infatti sono sudici. Il loro vestiario consiste in una pelliccia appesa al collo finché non cade in pezzi; le loro capanne non sono che pali uniti e coperti da stuoie; niente mobili all'interno; anche se possiedono buoi e montoni e sembra abbiano conosciuto l'uso del ferro prima della venuta degli Europei, occupano uno dei gradi più bassi nella scala del genere umano.

Ma tutti quelli che li hanno osservati da vicino, lodano la loro socievolezza e la loro premura nell'aiutarsi reciprocamente. Se si dà qualcosa a un Ottentotto, egli la divide immediatamente con tutti i presenti — tale abitudine, come è noto, colpì moltissimo lo sesso Darwin presso i Fuegiani. Un Ottentotto non può mangiare solo, ed anche se affamato, chiama quelli che passano per dividere il suo cibo; e quando Kolben espresse il suo stupore in merito ricevette questa risposta : « E' l'usanza ottentotta ». Ma non è soltanto una usanza ottentotta; è un'abitudine quasi universale presso i « selvaggi ». Kolben che conosceva bene gli Ottentotti, e che non ha davvero nascosto i loro difetti, diceva di non riuscire mai a lodare abbastanza la loro moralità tribale. Scriveva: « La loro parola è sacra. Non conoscono la corruzione e i raggiri europei. Vivono in grande tranquillità e raramente fanno guerra ai loro vicini. Sono tutta bontà e buona volontà gli uni verso gli altri. I regali e le cortesie reciproche sono certamente umo dei loro godimenti. La loro rettitudine ed esattezza e la loro rapidità nell'esercizio della giustizia, così come la loro castità, superano quasi tutte le nazioni del mondo ».

Tachart, Barrow e Moodie confermano pienamente la testimonianza del Kolben. Voglio solo fare notare che quando Kolben scriveva che sono « certamente il popolo più cordiale, liberale e benevolo che esista sulla terra », scriveva una frase continuamente ripetuta poi nelle descrizioni dei selvaggi.

Quando gli Europei incontrano una razza primitiva, in genere cominciano a ridicolizzare i loro costumi; ma quando un uomo intelligente ha vissuto a lungo tra questi primitivi, generalmente li descrive come « la migliore » o « la più dolce » razza della terra.

Allo stesso modo si sono definiti gli Ostiachi, i Samoiedi, gli Esquimesi, i Daiachi. gli Aleutini, i Papuasi, etc. Rcordo di averlo letto anche per i Tongusi, i Tchaucktichìs, i Sioux e altri. La frequenza di tali elogi è significativa.

Gli indigeni australiani non sono più evoluti dei loro fratelli dell'Africa del sud. Le loro capanne hanno lo stesso carattere. Spesso un leggero riparo, una specie di paravento fatto con alcuni rami è la loro sola difesa contro i venti freddi. Per vitto, ricorrono a cadaveri spaventosamente putrefatti o addirittura praticano il cannibalismo in caso di carestia. Quando furono conosciuti per la prima volta dagli Europei non avevano che utensili di pietra o di osso molto rozzi. Qualche tribù non possedeva nemmeno delle piroghe e non conosceva il baratto. Tuttavia, quando i loro usi e costumi furono attentamente studiati, si scoprì che vivevano sotto quella organizzazione complessa del clan di cui si è già parlato.

Il territorio che abitano in genere è diviso tra le differenti gentes o clans; ma le zone di pesca o di caccia sono comuni a tutti i clans come pure i prodotti e gli strumenti. Anche i pasti vengono consumati in comune. Come molti altri selvaggi, osservano certe regole relative alla raccolta stagionale di gomma da certe piante. Quanto alla loro moralità ci basterà riassumere le seguenti risposte date dalla Società Antropologica di Parigi alle domande di Lumholtz, missionario che soggiornò nel nord del Queensland. « Il loro sentimento di amicizia è sviluppatissimo. Aiutano i deboli; curano i malati che non abbandonano mai o uccidono. Sono cannibali ma non mangiano che raramente i componenti della loro stessa tribù (probabilmente quelli immolati durante sacrifici religiosi); mangiano solo gli stranieri. I genitori amano i loro figli, giocano con loro e li accarezzano. L'infanticidio è generalmente approvato. I vecchi sono trattati molto bene e non vengono mai uccisi. Nessuna religione, non idoli, ma solo il timore della morte. Il matrimonio è poligamo e le liti all'interno della tribù si risolvono con duelli tramite spade e scudi di legno. Non hanno schiavi né istruzione; niente stoviglie, nessun vestimento tranne un grembiule portato talvolta dalle donne. Il clan si compone di 200 individui distinti in quattro classi di uomini e quattro di donne; il matrimonio non è permesso che tra certe classi e mai all'interno della gens ». Quanto ai Papuasi, prossimi parenti di questi ultimi, abbiamo la testimonianza di G. L. Bink che soggiornò nella Nuova Guinea, principalmente nella baia di Geelwink dal 1871 al 1883. Ecco il riassunto delle sue risposte allo stesso questionario. « Essi sono socievoli e allegri; piuttosto pusillanimi che coraggiosi. L'amicizia è relativamente forte tra individui appartenenti a diverse tribù e più forte all'interno della tribù. Un amico paga spesso il debito del suo amico, con il patto che questi lo restituirà senza interessi ai figli del prestatore. Curano i malati e i vecchi i quali non sono mai abbandonati o uccisi, tranne che non si tratti di uno schiavo malato da molto tempo. I prigionieri di guerra sono talvolta mangiati. I fanciulli sono molto amati e vezzeggiati. I prigionieri di guerra vecchi e deboli vengono uccisi, mentre gli altri sono venduti come schiavi. Niente religione, né idoli, né autorità; il giudice coincide con il più vecchio della famiglia. In caso di adulterio si paga una ammenda una parte della quale va a beneficio della comunità. Il terreno è comune ma il raccolto appartiene al contadino. Possiedono stoviglie e conoscono il baratto (il mercante dà loro le merci; portano le merci nelle loro abitazioni riportandone quei prodotti indigeni che il mercante desidera; se tali prodotti non possono essere dati, le merci vengono rese). Sono " cacciatori di teste " e praticano la vendetta del sangue. Talvolta, dice il Finsch, la faccenda si porta davanti al Raja di Namototte, il quale la risolve, imponendo una ammenda ». Quando sono ben trattati i Papuasi sono buoni. Miklukho-Maclay sbarcò sulla costa orientale della Nuova Guinea con un solo compagno. Restò due anni tra le tribù descritte come cannibali e le lasciò con rimpianto; più tardi vi tornò per restarvi ancora un anno e non ha mai avuto modo di lamentarsene. E' vero però che usava dire sempre la verità e mantenere ciò che prometteva. Questa povera gente che non è nemmeno capace di accendere il fuoco (ne conservano uno sempre acceso nelle loro capanne) vive in un comunismo primitivo e senza nessun capo. Nei loro villaggi non accadono mai liti notevoli. Lavorano in comune quel tanto che basta a produrre il cibo quotidiano e la sera si vestono come meglio possono e ballano. Come tutti i selvaggi, amano molto la danza. Ogni villaggio ha la sua barla o barlai (la « lunga casa » o la « grande casa ») per gli uomini non ammogliati per la riunione sociale e per la discussione degli affari comuni. Ciò accade anche alla maggior parte degli abitanti delle isole dell'Oceano Pacifico, agli Esquimesi, ai Pellirosse, etc. Gruppi interi di villaggi sono in relazione amichevole e si fanno visita reciprocamente in massa.

Sfortunatamente i conflitti non sono rari, ma non a causa della sovrappopolazione o di una aspra concorrenza o di altre simili invenzioni mercantili, ma principalmente per superstizione. Quando uno di essi cade malato, i suoi amici e parenti si riuniscono e si mettono a discutere su chi potrebbe essere stato la causa della malattia. Tutti i possibili nemici vengono passati in rassegna, ciascuno confessa le sue piccole liti e infine la vera causa viene scoperta. Un nemico di un villaggio nemico ha invocato il male sul malato sicché si decide un attacco contro tale villaggio. Questa è la causa generale dei conflitti frequenti anche tra i villaggi della costa, senza parlare dei cannibali della montagna valutati come veri stregoni e nemici, anche se in realtà non sono affatto differenti dalla specie dei loro vicini costieri.

Molto sì potrebbe dire sui villaggi polinesiani delle isole del Pacifico; ma la loro armonia deriva da una maggiore evoluzione. Sicché, dopo aver detto dei Fuegiani che, contrariamente alla loro cattiva reputazione, non sono affatto malevoli, e che nei loro clans, composti da 120 a 150 persone, praticano lo stesso comunismo primitivo dei Papuasi, passiamo all'emisfero settentrionale. Gli Esquimesi e i Tlinkets, i Koloches, gli Aleutini (loro congeneri), sono gli esemplari più vicini a ciò che l'uomo può essere stato durante il periodo glaciale.

I loro strumenti sono simili a quelli dell'uomo paleolitico e alcune tribù non conoscono neppure la pesca, infilano il pesce solo con un arpione. Conoscono l'uso del ferro, ma lo ricevono dagli Europei o lo trovano su bastimenti naufragati.

La loro organizzazione sociale è molto primitiva, anche se sono già fuori della fase del « matrimonio comune ». Vivono in famiglie ma i legami sono incostanti e mariti e mogli sono spesso scambiati. Le famiglie restano tuttavia riunite in clan. D'altronde, come potrebbero sostenere la dura lotta per la vita diversamente? Sicché, i legami risultano più stretti dove più dura è la lotta per la vita, e cioè, nel nordest della Groenlandia. « La lunga casa » è la loro dimora abituale e parecchie famiglie vi alloggiano, separate le une dalle altre da piccoli tramezzi di pelliccia in pezzi con un comune passaggio sul davanti. Talvolta la casa è a forma di croce; in tal caso un fuoco comune è acceso al centro. La spedizione tedesca che passò un inverno accanto a una di queste « lunghe case » ha accertato che « nessuna lite è accaduta per il passaggio comune » durante l'intero inverno. I rimproveri, o anche le parole scortesi, sono considerati offese se non vengono pronunciate secondo la forma legale tradizionale; la canzone scherzosa cantata dalle donne è il « nith-song » . Una stretta coabitazione e una completa mutua dipendenza bastano per mantenere per secoli questo profondo rispetto degli interessi della comunità che caratterizza la vita degli Esquimesi. Anche nella loro maggiore comunità, « l'opinione pubblica è il vero tribunale e la pena ordinaria è un rimprovero al colpevole davanti alla comunità ». La vita degli Esquimesi è basata sul comunismo. I prodotti della pesca o della caccia appartengono al clan. Ma in parecchie tribù dell'Ovest, la proprietà privata è presente nelle istituzioni. Tuttavia dispongono di un mezzo particolare per ovviare agli inconvenienti che nascono dall'accumularsi delle ricchezze personali, ciò che distruggerebbe molto presto l'unità della comunità. Quando un uomo diventa ricco, convoca tutta la gente del clan a una grande festa, e quando tutti hanno ben mangiato, distribuisce loro ogni suo avere. Sotto il fiume Yukon, Dall ha visto una famiglia aleutina distribuire in questo modo 10 fucili, 10 vestiti completi di pelliccia, 200 collane di perle di vetro, numerose coperte, 10 pellicce di lupo, 200 di castoro e 500 di zibellino. Tali distribuzioni sembra siano molto comuni tra gli Esquimesi e avvengono in certe stagioni, dopo una esposizione di tutto ciò che si sono procurati durante l'anno.

Secondo me esse rivelano una antichissima istituzione, nata con la ricchezza personale stessa; ciò deve essere stato un mezzo capace di ristabilire l'uguaglianza tra i membri del clan, quando la ricchezza di alcuni poteva pregiudicarla.

Le nuove ripartizioni di terre e l'annullamento periodico di tutti i debiti che sono avvenuti nelle epoche storiche in tante razze diverse (Semiti, Ariani, etc.), probabilmente non sono che un residuo dì tali antiche usanze. E l'abitudine di bruciare tutti gli averi di un morto assieme al suo corpo, ha dovuto avere la stessa origine. In un'epoca posteriore tale abitudine diventa una cerimonia religiosa; cioè le si dà una interpretazione mistica, ed è imposta dalla religione, quando, la sola opinione pubblica si mostra incapace di imporla a tutti. E infine la si modifica, sia bruciando solo dei modelli dei beni del morto (Cina), sia portando i beni fino alla tomba e riportandoli finita la cerimonia (tale costume è ancora seguito dagli Europei per le spade, le croci ed altri segni di distinzione). La moralità degli Esquimesi è nota; ma alcuni appunti sui costumi degli Aleutini chiariranno meglio la morale dei selvaggi. Ce li fornisce il missionario russo Veniaminoff, vissuto per dieci anni presso gli Aleutini.

La resistenza è il loro carattere principale. Essa e semplicemente prodigiosa. Non solo si bagnano tutte le mattine nel mare gelato e stanno nudi sulla riva a respirare il vento gelido, ma il loro indurimento, anche quando sono costretti a fare un duro lavoro con un nutrimento insufficiente, supera tutto ciò che si può immaginare. Durante una carestia prolungata, l'Aleutino pensa ai suoi figli: dà loro tutto ciò che possiede e lui digiuna. Difficilmente rubano. Se lo fanno lo confessano; ma in genere si tratta di stupidaggini.

Commovente è l'affezione dei genitori verso i figli, anche se non viene mai dimostrato con parole o carezze. Difficilmente promettono qualcosa, ma se lo fanno, si può essere sicuri che manterranno la parola, qualunque cosa possa loro succedere. (Un Aleutino aveva regalato un pesce a Veniaminoff; il pesce, per la partenza precipitosa, fu dimenticato sulla riva. L'Aleutino lo riportò a casa ed aspettò l'occasione per inviarglielo — ciò che avvenne un anno dopo —; e in novembre e dicembre ci fu una grande carestia nell'accampamento, ma nessun Aleutino affamato toccò mai il pesce). Il loro codice morale è serio e severo nello stesso tempo. Temere una morte inevitabile è valutato vergognoso; cosi pure il domandare grazia a un nemico; morire senza avere mai ucciso un nemico; essere accusato di furto; fare naufragare un battello nel porto; spaventarsi di affrontare il mare quando è grosso; essere il primo a cadere ammalato durante una spedizione; mostrare cupidigia quando un bottino viene diviso (in tal caso ciascuno dà la propria porzione a quello che si è dimostrato avido per svergognarlo); confidare alla propria moglie un segreto di pubblico interesse; non offrire al compagno la migliore selvaggina quando si caccia insieme; vantarsi delle proprie azioni, soprattutto se inventate; rimproverare chiunque con tono sprezzante; mendicare: vezzeggiare la moglie in presenza di altri; danzare con lei; concludere un mercato da sé (la vendita deve sempre essere fatta tramite la mediazione di qualche altra persona che fissa il prezzo), etc. Per una donna è vergognoso non saper cucire, danzare, né fare qualsiasi lavoro femminile; carezzare suo marito o i figli, o anche parlare a suo marito in presenza di un estraneo ».

Questa è la morale aleutina che sì potrebbe completare tramite il racconto delle loro leggende e storie. Voglio ancora aggiungere che quando Veriaminoff scriveva (1840), non era stato commesso che un solo omicidio dall'ultimo secolo in una popolazione di 60 mila abitanti, e che fra 180 Aleutini non una sola violazione di diritto comune era avvenuta da più di

10 anni. Ciò non sembrerà strano se notiamo che i rimproveri, il disprezzo, l'uso di parole volgari non sono assolutamente conosciuti dagli Aleutini. Perfino i fanciulli non si battono mai e non si offendono con parole ingiuriose. Tutto ciò che possono dire è « tua madre non sa cucire », o « tuo padre è guercio ». Molti dei caratteri dei selvaggi restano, tuttavia, un enigma per gli Europei.

11 grande sviluppo della solidarietà nella tribù e i buoni sentimenti che animano i primitivi potrebbero essere provati da un gran numero di testimonianze degne di fede. Tuttavia non è meno certo che questi stessi selvaggi praticano l'infanticidio, e che talvolta abbandonano i loro vecchi e che ubbidiscono ciecamente alla voce vendicativa del sangue. Bisogna dunque spiegare tali fatti a tutta prima inspiegabili e contraddittori per un Europeo. Ho già detto che il padre Aleutino si priverà per giorni e settimane del cibo necessario ai suoi figli, e che la madre Boschimana preferisce diventare schiava che abbandonare suo figlio; e molto ancora si potrebbe dire per dimostrare la tenerezza che esiste tra il selvaggio e i suoi figli. Qui l'amore profondo di una madre; là, un padre che attraversa follemente una foresta con sulle spalle il figlio morso da un serpente; o un missionario racconta la disperazione dei genitori per la morte del fanciullo che egli stesso aveva salvato, qualche anno prima, dalla immolazione; oppure una « madre selvaggia » che in genere allatta i figli fino a 4 anni, si uccide se muore un bambino particolarmente amato, per continuare a curarlo nell'aldilà. Fatti simili sono abbondantissimi; sicché, se tali parenti affezionati praticano l infanticidio, dobbiamo riconoscere che quest'uso ha dovuto derivare dalla necessità, come un obbligo verso la tribù, o come un espediente per allevare i figli già cresciuti. Il fatto è che i selvaggi non si moltiplicano « senza restrizione » come afferma qualche scrittore inglese. AI contrario, prendono ogni genere di misure per contenere le nascite. A tale scopo esistono restrizioni che gli Europei troveranno stravaganti; e a queste si ubbidisce perché, malgrado tutto, i primitivi non possono allevare tutti i loro bambini. Ma si è notato che, non appena aumentano i mezzi di sussistenza, l'infanticidio viene abbandonato. Insomma, i genitori ubbidiscono di malavoglia a quest'obbligo, e, appena possono, ricorrono a qualsiasi sotterfugio per salvare la vita ai loro neonati. Cosi, come, racconta il mio amico Elia Reclus, inventarono i giorni di nascita felici e infelici per risparmiare i fanciulli nati nei giorni felici; tentano a

differire la sentenza di qualche ora per dire che se il bambino è vissuto un giorno, allora ha diritto a vivere tutta la sua vita naturale, etc. Quando sentono grida di bambini provenienti dalla foresta, affermano che sono presagio di sventure per la tribù; e poiché

non hanno l'abitudine di dare a balia i loro bambini, né dispongono di asili per lattanti, ciascuno di loro indietreggia di fronte alla dura necessità di compiere la crudele sentenza, e preferiscono abbandonare il bambino nel bosco, piuttosto che togliergli la vita con le loro mani. E' l'ignoranza e non la crudeltà a perpetuare l'infanticidio; e invece di moralizzare i selvaggi tramite sermoni, i missionari farebbero meglio a seguire l'esempio di Veniaminoff, il quale, ogni anno, fino a una età molto avanzata, attraversava in un cattivo battello, il mare di Okhotsk, per portare ai suoi Tckuktchìs del pane e degli strumenti da pesca. In questo modo — come lui stesso mi ha confermato — riuscì a fare sparire totalmente l'infanticidio. Le stesse osservazioni possiamo fare su ciò che alcuni osservatori superficiali chiamano parricidio. Abbiamo già notato come l'abitudine di abbandonare i vecchi non è poi cosi diffusa come pretendono alcuni. A parte le esagerazioni, in realtà tale usanza è praticata dai selvaggi; ma essa ha la stessa origine dell'abbandono dei bambini. Quando un vecchio « sente » di essere diventato un peso per la sua tribù; quando si accorge che il cibo da lui mangiato ogni mattina è sottratto ai bambini che, meno stoici dei genitori, si mettono a gridare per la fame; quando vede che tutti giorni è costretto a impiegare giovani spalle per andare lungo rive petrose o attraverso la foresta vergine, ecco che allora questo vecchio comincia a dirsi ciò che i contadini russi ancora oggi si dicono; **tchouyoi vek zaiedaiou, pora no po koi!** (Vivo la vita degli altri; è tempo di ritirarmi); e si ritira; cioè, fa come il soldato che, non potendo andare avanti, e sapendo che la salvezza del battaglione dipende da una avanzata, e sapendo che morrà se resta indietro, prega il suo migliore amico di rendergli un ultimo servizio. E l'amico, con mano tremante, scarica il suo fucile sul corpo del morente. Ciò è quello che fanno i selvaggi. Il vecchio chiede egli stesso di morire; insiste su quest'ultimo dovere verso la comunità, ed ottiene il consenso della tribù; sicché? scava la sua tomba, e invita i suoi parenti ali ultimo pasto d'addio. E che la morte sia considerata un dovere verso la comunità, è tanto vero che (come racconta Moffat), non solo rifiutano di essere salvati, ma una donna che doveva essere sacrificata sulla tomba del marito e che, salvata dai missionari, era stata condotta in un'isola, fuggì di notte, attraversò a nuoto un lungo tratto di mare e, raggiunta la tribù, si offerse al sacrificio. Praticamente ciò è diventato per loro un affare di religione.

Ma i selvaggi, in genere, odiano tanto uccidere, tranne in combattimento, che nessuno di loro accetta di spargere sangue umano. Sicché ricorrono a tutta una serie di stratagemmi, che sono falsamente interpretati. Spesso abbandonano il vecchio nei boschi, dopo averlo provvisto di una abbondante porzione di cibo. Perfino alcune spedizioni artiche si sono comportate allo stesso modo quando non potevano più trasportare i loro compagni malati. «Vivete qualche giorno di più! FORSE arriverà un aiuto ».

Quando i nostri sapienti occidentali si trovano di fronte a tali fatti, non riescono a capirli. Gli sembrano inconciliabili con lo sviluppo morale della tribù, e preferiscono dubitare sulla esattezza di osservazioni degne di fede, piuttosto di spiegare l'esistenza parallela di due serie di fatti: un'alta moralità nella tribù e, nello stesso tempo, l'abbandono dei genitori e l'infanticidio. Ma se questi stessi Europei dovessero dire a un selvaggio che delle persone amabilissime, affezionate teneramente ai loro figli, e così impressionabili da piangere su una falsa disgrazia da palcoscenico, vivono in .Europa a pochi passi da tuguri dove i bambini muoiono letteralmente di fame, ecco che il selvaggio a sua volta non li comprenderebbe.

Ricordo di avere cercato inutilmente di far capire ai miei amici Tongusi la nostra civiltà individualistica; non riuscivano a comprenderla e ricorrevano alle più fantastiche supposizioni. In realtà un selvaggio, allevato alle idee di solidarietà della tribù — per il bene come per il male — è incapace di capire un Europeo « morale », che non conosca nulla di tale solidarietà, proprio come la maggioranza degli Europei sono incapaci di comprendere il selvaggio. Ma se uno dei nostri sapienti fosse vissuto un po' con una tribù mezzo affamata, o spesso senza i mezzi necessari a sfamare anche un solo uomo, allora forse egli comprenderebbe le ragioni dei selvaggi. Allo stesso modo, se un selvaggio fosse vissuto tra di noi e avesse ricevuto la nostra educazione, forse comprenderebbe la nostra indifferenza europea verso i nostri vicini, e le nostre commissioni parlamentari per impedire lo sterminio dei fanciulli messi a balia. « Le case di pietra fanno i cuori dì pietra », dicono i contadini russi. Bisognerebbe far vivere prima un selvaggio in una casa di pietra.

Le stesse osservazioni sì adattano ai cannibali. Se consideriamo i fatti emersi da una recente discussione su tale argomento alla Società Antropologica di Parigi, e le notazioni accessorie sparse nelle opere che trattano dei « selvaggi », siamo costretti a riconoscere che tale usanza nasce dalla necessità. Più tardi crebbe a causa della superstizione e della religione, finché arrivò a quelle proporzioni spaventose raggiunte nelle isole Fidji e nel Messico.

E' certo che fino ad oggi, i selvaggi sono costretti a mangiare cadaveri in stato di avanzata decomposizione, e in caso di assoluta carestia, dissotterrare cadaveri umani per sfamarsi, o in casi di epidemia. Ma se riandiamo alle condizioni che l'uomo dovette affrontare nel periodo glaciale, in un clima freddo e umido, con pochissimo cibo vegetale a sua disposizione; se consideriamo i terribili effetti che lo scorbuto procura ancora tra i primitivi non nutriti sufficientemente; e se ricordiamo che la carne fresca e il sangue erano i soli ricostituenti che conoscessero, è necessario ammettere che l'uomo, il quale fu fin dall'inizio un animale granivoro, diventò carnivoro durante il periodo glaciale. Durante tale periodo poteva disporre di una grande quantità di renne; ma queste spesso emigrano verso le regioni artiche, e talvolta abbandonano del tutto un territorio per parecchi anni. In simili casi l'uomo non disponeva di nessuna risorsa: sicché anche gli Europei hanno praticato il cannibalismo come i selvaggi. Perfino ai nostri tempi essi hanno mangiato i cadaveri dei loro morti o di quelli che stavano per morire. Dei vecchi si uccisero, convinti, con la loro morte, di rendere un servizio alla tribù. Ed è perciò che il cannibalismo è considerato da certi selvaggi come avente origine divina, qualcosa di simile a un celeste messaggio. Più tardi però il cannibalismo perdette il suo carattere di necessità e sopravvisse come superstizione. Si mangiarono i propri nemici per ereditarne il coraggio.

In un'epoca ancora posteriore si mangiava, allo stesso scopo, l'occhio o il cuore del nemico, mentre, tra le popolazioni aventi numerosi preti e una mitologia progredita, dei cattivi dei, assetati di sangue umano, furono inventati, e i sacrifici umani furono richiesti dai preti per calmare gli dei. Il cannibalismo religioso ha raggiunto caratteri davvero ripugnanti. Il Messico è un esempio molto noto; e alle isole Fidji in cui il re poteva mangiare qualunque suddito, troviamo una potente casta clericale, una teologia complicata e una perfetta autocrazia. Sicché il cannibalismo necessario divenne, successivamente, una istituzione religiosa, e tale sopravvisse per molto tempo dopo che era sparito dalle tribù che certamente l'avevano usato in epoche precedenti, ma che non avevano raggiunto la fase teocratica della evoluzione. In simili casi tali consuetudini sono state conservate come una sopravvivenza del tempo antico, come una tradizione religiosa.

Vorrei finire le mie note citando un altro costume che causa anche le più errate conclusioni. Si tratta della vendetta del sangue. Tutti i selvaggi sono convinti che il sangue sparso debba essere vendicato con il sangue. Se qualcuno è stato ucciso o ferito il sangue dell'assassino o dell'aggressore deve essere sparso. Non esiste eccezione nemmeno per gli animali; sicché anche un cacciatore deve pagare con il sangue se ha ucciso un animale. Tale concetto della giustizia esiste ancora nell'Europa occidentale per quanto riguarda l'omicidio. Quando l'aggressore e l'offeso appartengono alla stessa tribù, questa e la persona offesa si incaricano di sistemare la faccenda. Ma quando l'aggressore appartiene a un'altra tribù, e questa si rifiuta di risarcire il danno, allora la tribù offesa decide di vendicarsi. I popoli primitivi valutano gli atti individuali come atti riguardanti la tribù intera; poiché nulla si può fare senza la generale approvazione, si conclude che il clan è responsabile degli atti di ciascun membro.

Sicché la giusta vendetta può colpire qualunque membro del clan aggressore o su qualcuno dei parenti. Spesso, però, le rappresaglie vanno più in là dell'offesa. Cercando di ferire magari si uccide; e ciò causa altre vendette: sicché i primi legislatori imposero che le rappresaglie si sarebbero limitate occhio per occhio, dente per dente, sangue per sangue. E' da notare, tuttavia, che tale comportamento è in realtà molto raro tra i popoli primitivi se si escludono i montanari, spinti verso le alture dalle invasioni straniere, come quelli del Caucaso e del Borneo (I Daiachi).

Presso quest'ultimi — ci hanno raccontato ultimamente — gli odi sono cosi feroci che un giovane non può ammogliarsi né essere dichiarato maggiorenne prima di avere portato la testa del nemico. Tale orribile usanza è stata largamente descritta in un'opera inglese moderna. Ma d'altra parte sembra che tale affermazione sia molto esagerata. Inoltre, si tenga presente che la « caccia alle teste » dei Daiachi non è fatta per passione personale. Se uno di loro cerca di uccidere un uomo, lo fa per ubbidire a un obbligo morale verso la tribù, proprio come il giudice europeo che, in omaggio allo stesso principio, evidentemente falso, del « sangue per il sangue », consegna l'assassino al carnefice. Sia il Daiaco che il giudice, avrebbero dei rimorsi se qualche simpatia li spingesse a salvare l'assassino. Se si esclude tale comportamento di giustizia, i Daiachi sono descritti da quanti li conoscono come un popolo molto simpatico. Così Carlo Bock, dopo aver descritto la loro terribile caccia alle teste, dice: « Per quanto riguarda la loro moralità, debbo elevare i Daiachi a un grado notevole di civiltà... il brigantaggio e il furto sono totalmente sconosciuti. Inoltre sono molto sinceri... anche se da loro non si otteneva tutta la verità, si poteva essere sicuri di ottenere almeno la verità. Vorrei potere dire altrettanto di Maleesi ». La testimonianza del Bock è pienamente confermata da quella di Ida Pfeiffer. « Riconosco pienamente — scrive — che mi piacerebbe viaggiare più a lungo tra di loro. Lì trovo generalmente onesti, buoni e riservati... ed anche molto più di ogni altro popolo da me conosciuto ». Lo Stoltze usa quasi le stesse parole. I Daiachi generalmente non hanno che una moglie e la trattano bene. Sono socievolissimi, ed ogni mattina l'intero clan esce per pescare, andare a caccia o coltivare il giardino in gruppi numerosi.

I loro villaggi consistono in grandi capanne, ciascuna abitata da una dozzina di famiglie, e, qualche volta, da parecchie centinaia di persone, viventi in pace. Rispettano le donne e amano i figli; quando uno di questi si ammala, le donne lo curano a turno. In genere mangiano e bevono moderatamente. Questo è il Daiaco nella sua vera vita quotidiana. Dare altri esempi sarebbe una faticosa ripetizione. Dovunque troviamo le stesse attitudini sociali e lo stesso spirito di solidarietà. E quando riandiamo alla notte dei tempi lontani, troviamo la stessa vita del clan, le stesse associazioni di uomini, primi ivi per quanto si vuole, in relazione ai mutuo appoggio. Darwin aveva dunque totalmente ragione quando vedeva nelle qualità sociali dell'uomo il principale fattore della sua evoluzione, e i suoi volgarizzatori sono nell'errore più completo quando sostengono il contrario. Egli scriveva:

« La poca forza e rapidità dell'uomo, la sua mancanza di armi naturali, etc, sono difetti più che compensati, anzitutto dalle sue attività intellettuali (che, come egli rileva altrove, sono state acquisite per il beneficio della comunità); e in secondo luogo delle sue qualità sociali che lo spingono ad appoggiare il suo simile ed a ricevere il loro ». Nel Sec. XVIII il selvaggio e la sua vita « naturale » furono idealizzati.

Oggi i competenti si sono orientati diversamente; cioè, alcuni di loro, dovendo dimostrare l'origine animale dell'uomo, hanno cercato di caricare al massimo il selvaggio di caratteri « bestiali ». Evidentemente, tale esagerazione è contraria alla scienza ancora più della idealizzazione di Rousseau: il selvaggio non è un ideale di virtù, ma non è neppure un ideale di selvatichezza.

Tuttavia, l'uomo primitivo ha una qualità prodotta e mantenuta dalle stesse necessità delle sue dure lotte per la vita; egli identifica la propria esistenza con quella della sua tribù; e senza questa qualità il genere umano non avrebbe mai raggiunto il grado che oggi occupa.

I primitivi, come abbiamo già detto, identificano talmente la loro vita con quella della propria tribù che ogni loro atto, anche insignificante, è valutato affare di importanza collettiva. Il loro comportamento è regolato da moltissime regole orali, nate dalla comune esperienza su ciò che è bene e ciò che è male, utile o vantaggioso per la loro tribù. Tali regole talvolta si basano su ragioni assurde; molte sono frutto di superstizione; e, in genere, il selvaggio non nota che le immediate conseguenze dei suoi atti; egli non può prevedere quelle indirette e nascoste. In ciò non fa che esagerare un difetto che Bentham rimprovera ai legislatori civilizzati. Ma assurde o non, il selvaggio ubbidisce alle prescrizioni del diritto comune, per quanto moleste possano essere; e la sua obbedienza è più cieca dì quella dell'uomo civile. Il diritto comune è la sua religione, la sua consuetudine. L'idea del clan gli è sempre presente, e il dominio di se stesso come pure il sacrificio nell'interesse del clan s'intrecciano costantemente. Se il selvaggio trasgredisce anche una piccola regola della tribù, egli è perseguitato dallo scherno delle donne. Se la infrazione è grave, viene torturato notte e giorno per il timore di avere attirato una sventura sulla tribù. Se involontariamente ha ferito qualcuno del suo clan, si ritiene responsabile del massimo delitto: fugge nei boschi per uccidersi, a meno che la tribù non lo assolva infliggendogli una pena corporea o spargendo il suo sangue.

Nell'interno della tribù, tutto è in comune; ogni boccone viene diviso, e se il selvaggio è solo nei boschi, non comincia a mangiare se prima non grida ben forte, per tre volte, l'invito a partecipare al suo pasto, a chiunque possa sentirlo. Insomma, nella tribù, la regola del « ciascuno per tutti », è sovrana tanto che la famiglia distinta non ha ancora minato l'unità tribale. Ma tale regola non si estende ai clans o alle tribù vicine, nemmeno in caso di federazione per la reciproca protezione. Ogni tribù o clan è una unità separata. Praticamente è come tra i mammiferi e gli uccelli; il territorio è approssimativamente diviso tra le diverse tribù, e tranne che in tempo di guerra, i limiti sono rispettati. Nel penetrare in territorio altrui, si è obbligati a fare cenni di amicizia. Più alte sono le grida e più sì guadagna fiducia; e se si entra in una casa, si deve deporre l'ascia sulla soglia. Nessuna tribù, però, è obbligata a dividere il cibo con le altre; ciò è facoltativo. Così la vita del selvaggio è distinta in due serie di azioni e si mostra sotto due diversi aspetti morali; da un lato le relazioni all'interno della tribù; dall'altro le relazioni del diritto comune. Sicché, quando scoppia una guerra, le più ripugnanti crudeltà possono benissimo essere valutate come titoli di ammirazione. Tale doppia concezione morale si nota in tutta l'evoluzione del genere umano, e si è conservata fino ai nostri giorni. Noi Europei, abbiamo fatto qualche progresso; ma bisogna dire che se abbiamo allargato le nostre idee di solidarietà — almeno in teoria — alla nazione, e in parte alle altre nazioni, abbiamo indebolito i legami all'interno delle nazioni, e spesso all'interno delle famiglie. L'apparizione di una famiglia separata nel clan pregiudica necessariamente l'unità. Una famiglia separata significa beni distinti e l'accumulazione della ricchezza. Abbiamo visto come gli Esquimesi ovviavano a tali inconvenienti; sarebbe interessante seguire, lungo le età, le diverse istituzioni (comunità, villaggi, gilde, etc.) tramite cui le masse si sono sforzate di mantenere l'unità delle tribù malgrado eventuali contrarietà.

D'altra parte, i primi rudimenti del sapere, che apparvero in un'epoca molto remota (la stregoneria), diventarono un potere nelle mani dell'individuo che poteva usarne verso le tribù. Si trattava di segreti accuratamente custoditi e trasmessi ai soli iniziati, nelle società segrete degli stregoni, dei maghi e dei preti che troviamo presso rutti i selvaggi (e i civili del nostro tempo). L'uso si è protratto attraverso la civiltà egizia e greca: i misteri eleusini, per esempio, la massoneria, il culto cattolico, etc. Nello stesso tempo le guerre e le invasioni crearono l'autorità militare; così le caste guerriere, le cui associazioni acquistarono anche grandi poteri. Tuttavia mai le guerre hanno rappresentato lo stato NORMALE dell'esistenza. Mentre i guerrieri si sterminavano a vicenda e i sacerdoti celebravano i loro massacri, le masse continuavano la loro vita quotidiana. Importantissimo sarebbe seguire la vita delle masse, i mezzi con cui conservarono la vita delle loro organizzazioni sociali, basate sul concetto dell'onestà, dell'aiuto reciproco e del mutuo appoggio — in breve, del diritto comune — anche sotto i regimi più ferocemente teocratici o autocratici.

IL MUTUO APPOGGIO PRESSO I BARBARI

Non si può studiare l'uomo primitivo senza notare lo spirito di socievolezza dì cui dà prova fin dagli inizi. L'esistenza di società umane è dimostrata da testimonianze paleolitiche e neolitiche; e quando studiamo i selvaggi contemporanei, la cui vita è ancora neolitica, li troviamo organizzati nel clan che ha la funzione di associare le forze individuali ancora deboli, di godere della vita in comune e di progredire. Anche l'uomo sì conforma al principio del mutuo appoggio; ciò gli offre le migliori possibilità di sopravvivenza nella lotta per la vita: tali sono le conclusioni a cui siamo giunti nel capitolo precedente. Tuttavia, quando arriviamo a un grado più alto della civiltà, cioè alla storia, siamo colpiti dalle lotte e dai conflitti tra gli uomini. Gli antichi legami sembrano essersi totalmente spezzati: si vedono razze combattere altre razze, tribù contro tribù, individui contro individui; e dal caos di queste forze ostili, il genere umano esce diviso in caste, asservito a tiranni, separato in Stati sempre pronti a farsi la guerra.

Il filosofo pessimista, basandosi su ciò, conclude che la guerra e l'oppressione sono l'essenza stessa della natura umana; che gli istinti bellici e di rapina umani possono essere frenati solo da una potente autorità che costringa alla pace e che solo qualche raro uomo di « élite » può preparare una vita migliore per l'uomo futuro.

Invece, da quando si è approfondito lo studio della storia umana (ciò che è stato fatto recentemente in numerosi e pazienti studi sulle istituzioni dei tempi più remoti) le cose appaiono molto diverse. Se mettiamo da parte le idee preconcette della maggior parte degli storici e la loro marcata predilezione per gli aspetti drammatici della storia, vediamo che gli stessi documenti che studiano, esagerano la parte della vita umana dedicata alla lotta e ne trascurano quella pacifica. I giorni sereni si perdono tra tormente e uragani. Anche nella nostra epoca, i voluminosi fascicoli che prepariamo ai futuri storici, i nostri tribunali, gli uffici governativi, ed anche i romanzi e le opere poetiche, sono macchiati dalla stessa parzialità; trasmettono alla posterità i particolari più piccoli di ogni guerra, battaglia o scaramuccia, di ogni contestazione, violenza e sofferenza individuale; a mala pena parlano degli atti di solidarietà e di devozione che ciascuno di noi conosce per propria esperienza; a stento considerano l'essenza della nostra vita quotidiana — i nostri istinti sociali e i nostri costumi sociali. Sicché non dobbiamo stupirci se le testimonianze del passato non sono esatte. Gli annalisti, infatti, non hanno mai dimenticato di narrare le più piccole guerre e le calamità delle quali i loro contemporanei soffrirono; ma essi non si interessavano affatto della vita delle masse che lavoravano pacificamente mentre un piccolo numero di uomini guerreggiava. I poemi epici, le iscrizioni sui monumenti, i trattati di pace — quasi tutti i documenti storici presentano lo stesso carattere; hanno trattato della violazione della pace, non della pace stessa. Sicché anche lo storico meglio intenzionato, non fa che un quadro inesatto della sua epoca. Per trovare la proporzione reale tra i conflitti e l'unione, occorre analizzare minuziosamente migliaia di piccoli fatti e di indicazioni accidentali, conservate per caso tra le reliquie del passato; bisogna poi interpretarle con l' aiuto dell' etnologia comparata, e, dopo avere ascoltato tutto ciò che ha diviso l'uomo, ricostruire pietra su pietra le istituzioni che lo tenevano unito. Ovviamente bisognerebbe riscrivere la storia su tali basi; ma, nell'attesa, possiamo utilizzare tutto il lavoro preparatorio fatto recentemente per evidenziare le linee principali della seconda corrente trascurata fino ad oggi. Dai tempi meglio conosciuti della storia possiamo già trarre qualche esempio della vita delle masse, e rilevarvi la funzione del mutuo appoggio; e per non estendere troppo il lavoro, possiamo evitare di risalire fino agli Egiziani o anche fino all'antichità greca o romana.

Infatti, l'evoluzione del genere umano non ha seguito un processo ininterrotto. Spesso si è inceppato in una certa razza, ed è ricominciato altrove. Ma ogni nuovo inizio riprende le stesse istituzioni del clan che abbiamo già notato presso i selvaggi.

Sicché, se consideriamo l'inizio dell'ultima fase, cioè quella della nostra civiltà, nei primi secoli della nostra era, tra quelli che i Romani chiamavano i « barbari », avremo tutta la scala della evoluzione, dalle GENTES alle istituzioni attuali. Gli specialisti non hanno ancora stabilito bene i motivi che, circa 2000 anni fa, spinsero nazioni intere dall'Asia in Europa, e causarono immense migrazioni di barbari che distrussero l'Impero romano d'occidente. Tuttavia, una ragione si mostra allo spirito del geografo se considera le rovine di città popolose nei deserti dell'Asia centrale, o segue il letto dei fiumi oggi asciutti e le depressioni colmate in altri tempi da grandi laghi dei quali oggi non restano più che semplici stagni. Tale causa è la siccità; una siccità recente, iniziata nel periodo post-glaciale e sviluppatasi nei tempi storici con una rapidità che prima non riuscivamo ad ammettere. Contro tale fenomeno naturale l'uomo è impotente. Quando gli abitanti del nord-ovest della Mongolia o del Turkestan orientale videro che l'acqua li abbandonava, decisero di scendere verso le larghe valli conducenti alle terre più basse e di respingere verso ovest gli abitanti delle pianure . Intere popolazioni si riversarono cosi in Europa, obbligando altri popoli a spostarsi per vari secoli verso ovest o verso est alla ricerca di dimore nuove. Durante l'emigrazione le razze si mescolarono: gli aborigeni con gli immigrati; gli Ariani con gli Uralo-Altaici; e non vi sarebbe stato niente di strano, se le istituzioni sociali che le avevano tenute unite nelle loro contrade di origine fossero completamente sparite durante le stratificazioni di razze che si formarono nell'Europa e nell'Asia. Ma non fu cosi. Tali istituzioni subirono solo le modificazioni richieste dalle nuove condizioni di esistenza. Quando i Teutoni, i Celtici, gli Scandinavi, etc. entrarono per la prima volta in contatto con ì Romani, la loro organizzazione sociale era in uno stato di trapasso.

Le unioni per clans, basate su una origine comune, supposta o reale, li avevano tenuti uniti per parecchie migliaia di anni. Ma queste unioni non rispondevano al loro scopo, poiché non vi erano famiglie separate all'interno della GENS o del clan. Tuttavia la famiglia patriarcale si sviluppava già, lentamente ma certamente, nel clan; e ciò alla lunga significava accumulazione progressiva di ricchezza individuale e di potere, e relativa trasmissione ereditaria. Le frequenti migrazioni dei barbari e le guerre che ne derivavano, non fecero che accelerare la divisione delle genti in famiglie separate; invece la dispersione delle diverse popolazioni e la loro mescolanza con stranieri facilitava l'ultima distruzione delle unioni, basate fino allora sulla comune origine. Sicché i barbari erano nell'alternativa di vedere i loro clans dispersi in gruppi sparsi di famiglie, le più ricche delle quali potendo unire alla loro ricchezza le funzioni sacerdotali o militari, riuscivano a imporre la loro autorità ad altri; oppure di scoprire qualche nuova forma di organizzazione.

Molte tribù non furono capaci di resistere alla distruzione; le più vigorose, invece, conservarono la loro coesione e uscirono da questa esperienza con una nuova organizzazione — IL COMUNE RURALE — che le mantenne unite per più di 15 secoli. La concezione di un comune territorio, acquistato e protetto dagli sforzi comuni, nacque e sostituì le decadenti tradizioni di una origine comune. Gli dei comuni perdettero progressivamente la loro antica caratteristica e furono investiti del carattere territoriale e locale. Diventarono dei santi di un dato luogo; la terra si identificò con i suoi abitanti. AH? passate unioni consanguinee si sostituirono quelle territoriali; e questa nuova organizzazione offriva innegabili vantaggi. Essa riconosceva l'indipendenza della famiglia — il comune rurale rinunciava al diritto degli affari interiori all'interno di ogni famiglia; favoriva l'iniziativa personale; inizialmente non ostacolava la unione tra individui di ceppo diverso, e, nello stesso tempo, manteneva la necessaria coesione d'azione e di pensiero; e infine, era abbastanza forte da opporsi alle tendenze dominatrici della minoranza di stregoni, preti e guerrieri di professione. Sicché, il comune rurale diventò la cellula fondamentale della futura organizzazione, e in molte nazioni ha conservato tale carattere fino ai nostri giorni. Ora si sa, e non si contesta quasi più, che il comune rurale non era una caratteristica speciale degli Slavi e neppure degli antichi Teutoni. Durante il periodo sassone e della dominazione normanna, è esistito anche in Inghilterra fino al diciannovesimo secol; era la base organizzativa sociale nell'antica Scozia, Irlanda e Galles. In Francia, i possedimenti comunali e le distribuzioni di terre arabili dell'assemblea dei villaggi resistettero dai primi secoli della nostra era fino al Turgot, il quale trovò le assemblee rurali « troppo numerose » e ne cominciò l'abolizione. Il comune rurale sopravvisse alla dominazione romana in Italia, e riapparve dopo la caduta dell'Impero romano. Esso rappresentava la regola presso gli Scandinavi, gli Slavi, i Finni, i Curi e i Livi. Nell'India antica e moderna, ariana e non, esisteva, come risulta dalle opere del baronetto Enrico Maine; Elphinstone l'ha descritto fra gli Afgani. Lo troveremo egualmente negli OULOUS dei Mongoli, la THADDART dei Cabili, la DESSA dei Giavanesi, la KOTA o TOFA dei Malesi, e sotto altri nomi nell'Abissinia, nel Sudan, nell'interno dell'Africa, presso gli indigeni delle due Americhe, e fra tutte le grandi e piccole tribù dell'arcipelago del Pacifico.

In breve, noi non conosciamo una sola razza umana o una sola nazione che non abbia avuto il suo periodo di villaggio rurale. Ciò distrugge l'opinione secondo cui il villaggio rurale in Europa sarebbe stato un prodotto del servaggio. Esso è anteriore al servaggio, e comunque, questo fu impotente a spezzarlo. Esso rappresentò la base fondamentale della evoluzione, una inevitabile trasformazione dell'organizzazione per clans, almeno per tutti i popoli storicamente importanti. Il villaggio rurale era una produzione naturale, e dunque una assoluta uniformità nella sua struttura non era possibile. In genere era una unione tra famiglie di origine comune e possidenti un certo territorio in comune. Ma presso certi popoli, le famiglie, per l'intervento di circostanze favorevoli, non si affrettarono a ramificarsi in nuove famiglie, e, anche se diventate numerosissime, restarono indivise. Cinque, sei e anche sette generazioni continuarono allora a vivere sotto lo stesso tetto, o dentro lo stesso recinto, usando una casa comune, possedendo collettivamente il bestiame e prendendo insieme i pasti accanto al focolare familiare.

In questo caso erano sotto il regime che in etnologia si chiama « famiglia composta » o « famiglia indivisa » come la vediamo ancora in tutta la Cina, nell'India nella ZADROUGA degli Slavi meridionali, in Danimarca, e occasionalmente nella Russia del nord e nell'ovest della Francia. Presso gli altri popoli o in altre circostanze che non sono ancora ben determinate, le famiglie raggiunsero le stesse proporzioni; i nipoti e talvolta anche gli stessi figli lasciano la casa non appena ammogliati, e ciascuno di essi crea una nuova famiglia. Ma, indivise o non, raggruppate o sparse nei boschi, le famiglie vissero unite in villaggi comuni; parecchi villaggi si raggrupparono in tribù e le tribù in federazioni. Tale fu l'organizzazione che si sviluppò tra i pretesi « barbari », quando incominciarono a stabilirsi più o meno permanentemente in Europa. Ci volle una lunghissima evoluzione prima che le GENTES o clans riconoscessero l'esistenza distinta della famiglia patriarcale in una capanna separata; ma anche dopo che ciò era stato riconosciuto, il clan non ammise che lentamente l'eredità personale dei beni. Alcuni oggetti appartenuti personalmente all'individuo venivano distrutti sulla sua tomba o sotterrati con lui. Il comune rurale, al contrario, riconosceva pienamente l'accumularsi privato della ricchezza nella famiglia e la sua trasmissione ereditaria. Ma la ricchezza era concepita esclusivamente sotto forma di BENI MOBILI, comprendenti il bestiame, gli utensili, le armi e la casa di abitazione, la quale, come tutte le cose che possono essere distrutte dal fuoco, rientrano nella stessa categoria. Il comune rurale non conosceva la proprietà fondiaria; ma non poteva conoscerla, e, in genere non la riconobbe fino ai nostri giorni. La terra era proprietà comune di tutta la tribù o dell'intero popolo, e lo stesso comune rurale possedeva la sua parte di territorio per molto tempo, finché la tribù non reclamava una nuova ripartizione dei lotti assegnati ai vari villaggi.

Il dissodamento delle foreste e del suolo vergine, quasi sempre realizzato dai comuni, o almeno da parecchie famiglie — sempre con il consenso del comune — si risolveva nella ripartizione delle parti dissodate alle famiglie per un periodo di quattro, dodici o vent'anni; alla scadenza, ridiventavano proprietà collettiva. La proprietà privata o il possesso « perpetuo » era, inoltre, incompatibile con i princìpi e i concetti religiosi della GENS; sicché fu necessario un lungo influsso della legge romana e della chiesa cristiana, che accettò ben presto i princìpi romani, per abituare i barbari all'idea della proprietà fondiaria individuale.

Tuttavia, anche dopo tale riconoscimento, il possessore di un dominio separato restò comproprietario dei terreni incolti, delle foreste e dei pascoli. Nella storia della Russia addirittura vediamo alcune famiglie che, agendo separatamente, si impadronirono di terre appartenenti a tribù considerate straniere e si riunirono costituendosi in villaggio rurale che, alla terza

0 quarta generazione, cominciava a professare la comunità di origine.

Tutte le istituzioni, in parte ereditate dal periodo del clan, sono sorte su questa base fondamentale, cioè sulla proprietà comune della terra, nei lunghi secoli che occorsero per condurre i barbari sotto il dominio degli Stati ordinati secondo il sistema romano i bizantino. Il comune rurale non era solo una unione che garantiva a ciascuno una parte equa della terra in comune; esso rappresentava anche una unione per la coltivazione della terra comune, per il mutuo appoggio sotto tutte le possibili forme, per la protezione contro la violenza e per uno sviluppo ulteriore del sapere, dei concetti morali come dei vincoli nazionali.

Giustizia, difesa armata, educazione, rapporti economici: niente poteva essere cambiato senza l'approvazione dell'assemblea del villaggio, della tribù o della confederazione. Il comune, in quanto continuazione della GENS ereditò tutte le sue funzioni. Era una UNIVERSITAS, un MIR — un mondo a sé. La caccia, la pesca e la coltivazione degli ortaggi e degli alberi da frutta erano praticate in comune dalle antiche GENTES. L'agricoltura comune diventò regola nei comuni rurali dei barbari. E' vero che esistono poche testimonianze dirette su questo punto, ma non ci mancano testimonianze indirette per provare che l'agricoltura in comune era praticata da certe tribù teutoniche, dai Franchi e dagli antichi Scozzesi, Irlandesi e Galli. Le sopravvivenze di tale costume sono moltissime. Anche nella Francia, completamente romanizzata, la coltura in comune era abituale circa 25 anni fa, e in Bretagna, nel Morbiban. L'antico CYVAR gallo, o associazione di la voratori, come la coltivazione in comune della terra attribuii all'epoca del villaggio, sono del tutto normali tra le tribù del Caucaso meno toccate dalla ci viltà.

Fatti simili si incontrano costantemente tra i contadini russi. Si sa anche che parecchie tribù del Brasile, dell'America centrale e del Messico avevano l'abitudine di coltivare in comune i loro campi, e che questa abitudine è molto diffusa presso

1 Malesi, nella Nuova Caledonia, fra parecchie razze e presso altri popoli. Insomma, l'agricoltura in comune è cosi abituale presso gli Ariani, gli Uralo-Altaici, i Mongoli, i Negri, i Pellirosse, i Malesi e i Melanesi che possiamo considerarla come una forma di agricoltura primitiva che, senza essere la sola possibile, fu una forma universale.

La coltivazione in comune non implica però necessariamente il pasto generale in comune. Già sotto il regime dei clans noi vediamo spesso che quando i battelli carichi di frutta o di pesci entrano nel villaggio, il cibo che portano è diviso fra tutte le capanne e le « lunghe case » abitate sia da parecchie famiglie che da giovani; questo cibo è cotto separatamente in ogni focolare.

Sicché l'abitudine di mangiare insieme con parenti e associati esisteva già nel periodo primitivo della organizzazione per tribù. E diventa regola nel comune rurale.

Anche gli alimenti prodotti in comune erano generalmente divisi tra le diverse case dopo averne conservata una parte per l'uso collettivo. Ma la tradizione del pasto in comune si conservò pienamente. Sì approfittò di qualsiasi occasione (commemorazione degli antenati, matrimoni e funerali), per invitare la comunità a un pasto in comune. Ancora oggi questo uso, conosciuto in Inghilterra come « cena della raccolta », è uno degli ultimi a sparire. D'altra parte anche quando sì era smesso da molto tempo di lavorare e seminare i campi in comune, diversi lavori agricoli continuarono e continuano ancora ad essere fatti in comune, sia a vantaggio degli indigenti, sia per riempire i granai comunali, e sia per servirsene nelle feste religiose. I canali d'irrigazione sono scavati e riparati in comune. Le praterie comunali vengono falciate in comune; e lo spettacolo di un comune russo che falcia una prateria — gli uomini che competono in ardore nel falciare mentre le donne rivoltano l'erba e la raccolgono in mucchi — è davvero impressionante; ci si vede che cosa il lavoro umano potrebbe e dovrebbe essere. In tali circostanze il fieno viene diviso tra le varie case, ed è logico che nessuno ha diritto di prendere del fieno dal mucchio del suo vicino senza il suo permesso. Presso gli Osseti del Caucaso, quando il cuculo canta annunciando la primavera che presto ricoprirà i prati di erba, tutti quelli che ne hanno bisogno, hanno diritto di prendere nel mucchio del vicino il fieno necessario per il bestiame. Ciò rappresenta una specie di affermazione di antichi diritti comunali, che sembra mostrare come l'individualismo sfrenato sia contrario alla natura umana. Quando un viaggiatore europeo sbarca in qualche piccola isola del Pacifico e, vedendo a qualche distanza un gruppo di palme, va verso quella direzione, si stupisce nel vedere dei piccoli villaggi riuniti da strade selciate da grosse pietre, molto comode per i piedi nudi degli indigeni e molti simili alle vecchie strade delle montagne svizzere. Strade simili furono tracciate dai « barbari » in tutta l'Europa; e bisogna aver viaggiato nei paesi non civilizzati e poco popolati, lontano dalle principali vie di comunicazione per immaginarsi bene l'immenso lavoro che deve essere stato compiuto dalle comunità barbare allo scopo di conquistare le immense foreste e le paludi che coprivano l'Europa duemila anni fa. Isolate famiglie deboli e senza utensili non vi sarebbero mai riuscite; la natura selvaggia avrebbe avuto il sopravvento. Soltanto nei comuni rurali, lavorando in comune, potevano rendersi padroni delle foreste vergini, delle paludi impraticabili e delle steppe sconfinate.

Le strade primitive, le chiatte per attraversare i fiumi, i ponti di legno tolti nell'inverno e ricostruiti dopo le grandi piene, i recinti e le palizzate dei villaggi, i forti e le torricelle di cui il territorio era disseminato, tutto ciò fu opera dei comuni barbari. E quando un comune diventava troppo numeroso, un nuovo pollone si distaccava da esso, formava un nuovo comune poco distante dall'antico, sottomettendo progressivamente i boschi e le steppe. Il sorgere stesso delle nazioni europee non fu che un moltiplicarsi dei comuni rurali. Ancora oggi i contadini russi, se non sono del tutto vinti dalla miseria, emigrano in comunità e coltivano il terreno costruendo delle case in comune quando si stabiliscono sulle rive del fiume Amùr o nel Canada.

Gli Inglesi quando incominciarono a colonizzare l'America, ritornarono allo antico sistema, cioè si raggrupparono in comuni rurali. Il comune rurale fu essenziale ai barbari nella loro penosa lotta contro una natura ostile. Esso rappresentò anche la forma di unione che opposero agli abili e ai forti, dai quali l'oppressione avrebbe potuto facilmente svilupparsi in quelle epoche agitate. Il barbaro immaginario — l'uomo che si batte e uccide per semplice capriccio — non è mai esistito come non è mai esistito il selvaggio « sanguinario ». Il vero barbaro, al contrario, viveva sotto un regime di istituzioni numerose e complesse, scaturite dalla conoscenza di ciò che era utile o meno alla tribù e alla confederazione, e queste istituzioni erano religiosamente trasmesse di generazione in generazione, sotto forma di versi, canzoni, proverbi, triadi, sentenze e insegnamenti.

Più studiamo queste istituzioni dell'epoca barbara e più scopriamo come erano stretti i legami che univano gli uomini nei loro villaggi. Qualunque lite sorta tra due individui, veniva trattata come un affare pubblico; anche le parole offensive che potevano essere state pronunciate durante una lite erano considerate come un'offesa verso la comunità e i suoi antenati. Si riparava con le scuse fatte contemporaneamente all'individuo e al comune; se una lite finiva a colpi e ferite, chi vi aveva assistito e non si era intromesso tra i combattenti veniva trattato come se egli stesso avesse procurato le ferite. La procedura giudiziaria era permeata dello stesso spirito.

Ogni disputa era prima trattata davanti a mediatori e arbitri che in genere la risolvevano, poiché l'arbitraggio aveva un funzione molto importante nelle società barbare. Ma se il caso era troppo grave per essere risolto in tale modo, veniva portato davanti all'assemblea del comune che doveva emettere la sentenza e che la pronunciava sotto una torma condizionata e cioè: si doveva pagare un certo compenso se il male fatto era stato provocato; e il male doveva essere provato o negato da sei o dodici persone, confermanti o neganti il fatto con giuramento. Nel caso di contraddizione tra le due serie di « congiurati », si sarebbe ricorso alla prova del duello, del fuoco o in altro modo. Una tale procedura che restò in vigore per più di 2000 anni, è assai eloquente; mostra come stretti fossero i legami tra i membri del comune. Inoltre, l'unica autorità su cui si basavano le decisioni dell'assemblea comunale era la propria autorità morale. La sola minaccia possibile era di mettere fuori legge il ribelle, ma quella stessa minaccia era reciproca. Un uomo, scontento dell'assemblea, poteva dichiarare che abbandonava la tribù per passare a un'altra, — minaccia terribile, perché richiamava sciagure sulla tribù che si era mostrata ingiusta verso uno dei suoi membri. La ribellione contro una giusta decisione della legge della consuetudine era semplicemente « inconcepibile » come ha ben detto Enrico Maine, « perché la legge, la moralità e i fatti non si distinguevano gli uni dagli altri in quel tempo ».

L'autorità morale del comune era tanto forte, che anche in epoca molto posteriore, quando Ì Comuni rurali caddero in mano ai signori feudali, essi conservarono I loro poteri giudiziari: permettevano solo al signore o al suo mandatario di « trovare » la sentenza condizionale secondo la legge del costume che egli aveva giurato di osservare, e di riscuotere a proprio favore l'ammenda dovuta al comune. Ma per molto, perfino il signore, se restava comproprietario dei terreni incolti del comune, doveva sottomettersi alle decisioni del comune per gli affari pubblici. Nobile o ecclesiastico, doveva ubbidire all'assemblea del popolo; la vecchia legge era: « chi usa qui del diritto dell'acqua e dei pascoli, deve ubbidienza ». Anche quando i contadini diventarono servi di un signore, questi era obbligato a presentarsi davanti all'assemblea del popolo quando ciò gli veniva intimato. Nel loro concetto di giustizia, i barbari non erano molto diversi dai selvaggi. Essi ritenevano che un assassinio dovesse essere pagato con la morte dell'uccisore; che le ferite dovessero essere punite con ferite assolutamente uguali, e che la famiglia oltraggiata fosse tenuta ad eseguire la sentenza della legge. Era un-dovere sacro verso gli antenati da compiere in piena luce, mai in segreto, e che doveva essere messo a conoscenza pubblica. 1 brani più ispirati delle saghe e dei poemi epici in generale sono quelli "che glorificano ciò che supponevano essere la giustizia". Perfino gli dei aiutavano. Tuttavia il carattere predominante della giustizia dei barbari è di limitare il numero di quelli che possono essere implicati in un contrasto e di annullare l'idea che il sangue chieda altro sangue, che una ferita chiami la stessa ferita, sostituendo il sistema del compenso. I codici barbari, che erano raccolte di regole del diritto del costume riunite per uso dei giudici, prima permisero, poi incoraggiarono e infine obbligarono che si eseguisse il compenso al posto della vendetta. Ma quelli che hanno presentato il compenso come un'ammenda, cioè come una possibilità data al ricco di fare ciò che voleva, si sono completamente sbagliati. Il compenso (Wergeld), totalmente differente dall'ammenda o dal FRED (134), era generalmente cosi elevato per ogni specie di lesioni, che certamente non incoraggiava all'offesa. In caso di omicidio esso superava in genere le sostanze dell'assassino. « Dieci volte diciotto vacche. » è il compenso presso gli Osseti, i quali non sanno contare oltre diciotto; invece presso le tribù africane esso arriva a 800 vacche o a 100 cammelli con i loro piccoli, o 416 montoni nelle tribù più povere. Spesso l'omicida non poteva pagare il compenso, sicché non aveva altra via di uscita che quella di decidere, con il suo pentimento, la famiglia offesa ad adottarlo.

Ancora oggi, presso alcune tribù del Caucaso,, quando una inimicizia tra due famiglie termina, l'aggressore tocca con le sue labbra il seno della più vecchia donna della tribù e diventa un « fratello di latte » per tutti gli uomini della famiglia offesa. Presso parecchie tribù africane egli deve dare sua figlia o sua sorella in matrimonio ad uno dei membri della famiglia offesa; presso altre tribù deve sposare la donna che ha reso vedova; e in tutti i casi diventa un membro della famiglia e viene consultato negli affari importanti. I barbari, non solo non disprezzavano la vita umana, ma possiamo dire che non conoscevano affatto gli orribili castighi introdotti in epoca posteriore dalle leggi laiche o canoniche sotto l'influenza romana o bizantina. Se il codice sassone ammetteva molto facilmente la pena di morte, anche in caso di incendio o di saccheggio armato, i codici barbari la pronunciavano esclusivamente in caso di tradimento verso il proprio comune o la propria tribù, e di sacrilegio contro gli dei del comune; era il solo mezzo per placarli.

Tutto ciò, come si vede, è molto lontano dalla « morale dissoluta » che si attribuiva ai barbari. Al contrario, non possiamo che ammirare i profondi principi morali elaborati dagli antichi comuni rurali, quali sono state espresse nelle triadi galliche, nelle leggende del re Arturo, nei commentari di Brehon. nelle vecchie leggende tedesche, etc. o ancora più evidenti nei proverbi dei barbari moderni. Nella sua introduzione al THE STORY OF BURNT NJAL, Giorgio Dasent riassume così, con molta esattezza, le qualità di un Normanno quali si mostrano nelle saghe: « Fare apertamente ciò che si deve compiere, come un uomo che non teme né nemici, né demoni, né destino; essere libero ed ardito in tutte le proprie azioni: essere dolce e generoso verso gli amici e tutti quelli del proprio clan; essere severo e minaccioso verso i propri nemici (quelli che sono sotto la legge del taglione) ma anche compiere verso di loro tutti i doveri obbligatori; non rompere un armistizio, non maledire, non calunniare: non dire nulla contro un uomo che non si oserebbe ripetergli in faccia; non respingere mai un uomo che cerca un rifugio o del cibo, anche se fosse un nemico » . Gli stessi princìpi, e anche migliori, si rivelano nella poesia epica e nelle triadi galliche. Agire « secondo uno spirito di dolcezza » e « princìpi di equità » sia verso nemici che amici, e « riparare i torti », sono i più alti doveri dell'uomo: « il male è la morte, Il bene è la vita », grida il poeta legislatore . « Il mondo sarebbe follia se le convenzioni fatte dalle labbra non dovessero essere rispettate » — dice la legge di Brehon. E l'umile SHAMANISTE Mordoviano, dopo avere lodate le stesse qualità, aggiungerà ancora, nei suoi princìpi di diritto del costume, che « tra vicini, la vacca e la scodella del latte sono in comune »; che « la vacca deve essere munta per voi, e per chi può avere bisogno di latte »; che « il corpo di un fanciullo diventa rosso sotto i colpi, ma il volto di chi lo colpisce diventa rosso di vergogna », e così di seguito. Molte pagine potrebbero essere riempite di princìpi simili, espressi e praticati dai barbari. Una speciale nota merita un carattere degli antichi comuni rurali. Si tratta della estensione progressiva dei legami di solidarietà in associazioni sempre più numerose. Non soltanto si federavano in colonie le tribù, ma anche le colonie, anche se di origine diversa, si riunivano in confederazioni. Certe unioni erano così strette che presso i Vandali, per esempio, una parte della loro confederazione essendosi separata per andare verso il Reno, e di là in Spagna e in Africa, quelli che erano rimasti rispettarono, per quarant'anni di seguito, le divisioni della terra e i villaggi abbandonati dai loro antichi confederati, e non ne presero possesso, finché non furono assicurati, da inviati, che i loro confederati non avevano più intenzione di tornare. Presso altri barbari, il suolo veniva coltivato da una parte del gruppo, mentre l'altra combatteva ai confini del territorio comune. Quanto alle leghe tra parecchie nazioni, queste erano molto frequenti. I Sicambri si erano uniti con i Caruschi e gli Svevi, i Quadi con i Sarmati e questi con gli Alani, i Carpi con gli Unni. Più tardi vediamo anche il concetto di nazione svilupparsi progressivamente in Europa, molto tempo prima che qualche organizzazione somigliante a uno Stato si fosse costituita in qualche parte del continente abitato dai barbari. Queste nazioni (è impossibile negare il nome di nazione alla Francia merovingia o alla Russia dell'XI e XII sec.) erano mantenute unite dal comune linguaggio e dal tacito accordo tra le piccole repubbliche per eleggere i loro condottieri in una famiglia speciale.

Certo le guerre erano inevitabili: migrazione significa guerra; ma Enrico Maine ha già pienamente dimostrato, nel suo pregevole studio sulle origini della legge internazionale nelle relazioni tra le tribù, che « l'uomo non è mai stato abbastanza feroce o abbastanza stupido da sottomettersi al male della guerra senza fare un certo sforzo per impedirla », ed egli ha dimostrato come sia considerevole il numero delle antiche istituzioni che si sforzavano di evitare la guerra. In realtà l'uomo è ben lontano dall'essere la creatura bellicosa che si pretende sia, a tal punto che quando i barbari si furono stabiliti perdettero rapidamente le loro abitudini bellicose e furono costretti a conservare dei « duchi » speciali seguiti dalle « scholae » o bande di guerrieri incaricati di proteggerli contro le intrusioni possibili. Essi preferirono i lavori tranquilli alla guerra; sicché il carattere pacifico dell'uomo fu la causa della specializzazione in arte bellica, specializzazione che più tardi portò alla servitù e a tutte le guerre del « Periodo degli Stati » della storia del genere umano.

Lo storico trova quindi difficoltà nel mettere in luce le istituzioni dei barbari. A ogni passo si incontrano delle piccole indicazioni che non si saprebbero spiegare con i soli documenti storici. Ma si fa piena luce sul passato, quando si risale alle istituzioni delle numerosissime tribù che vivono ancora con una organizzazione sociale quasi identica a quella dei nostri antichi barbari. Qui, non abbiamo l'impaccio della scelta, in quanto le isole del Pacifico, le steppe dell'Asia, e gli altopiani dell'Africa sono veri musei storici, contenenti esempi di tutti gli stadi intermedi possibili che il genere umano ha attraversato per passare dalle selvagge GENTES alla organizzazione statale. Analizziamo qualcuno di questi esempi. Se analizziamo il comune rurale dei Buriati (Mongoli), particolarmente della steppa Koudinsk sul Lena superiore, che sono maggiormente sfuggiti all'influenza russa, troviamo in essi dei fedeli rappresentanti dello stato barbaro che segna il passaggio dall'allevamento del bestiame all'agricoltura. Questi «Burlati» vivono ancora in famiglie indivise, cioè, anche se ogni figlio quando si ammoglia si stabilisce in una capanna separata, tuttavia le capanne di almeno tre generazioni restano nello stesso recinto, e i membri della famiglia indivisa lavorano in comune e possiedono collettivamente i focolari, il bestiame e anche i loro « parchi dei vitelli », cioè piccoli tratti di terreno circondati da palizzata in cui si fa crescere l'erba tenera per l'allevamento dei vitelli. In genere i pasti sono presi separatamente in ciascuna capanna; ma quando si mette della carne ad arrostire, tutti i membri della famiglia indivisa, da venti a sessanta, prendono parte, in compagnia, al festino. Parecchie famiglie indivise stabilite in uno stesso luogo, come le famiglie più piccole che abitano lo stesso villaggio, formano l' OULOUS, o il comune rurale; parecchi oulous formano una tribù, e le 46 tribù o clans della steppa si riuniscono in una confederazione. Delle federazioni più strette sono composte da una parte delle tribù per scopi speciali in caso di necessità. La proprietà fondiaria privata è sconosciuta, in quanto la terra è posseduta in comune da tutti i membri degli oulous o dalla confederazione; se diventa necessario, la terra viene distribuita tra i differenti oulous dalla assemblea popolare della tribù, o tra le 46 tribù dall'assemblea della confederazione. Importante è che la stessa organizzazione prevale presso i 250.000 Buriati della Siberia orientale, benché vivano da tre secoli sotto l'autorità russa, e conoscano le istituzioni russe. Malgrado tutto ciò, tra i Buriati si sviluppa rapidamente una sperequazione patrimoniale, specialmente da quando il governo russo dà una esagerata importanza ai loro TAICHAS (prìncipi eletti), considerati come gli esattori responsabili delle imposte ed i rappresentanti delle confederazioni nelle loro relazioni amministrative e commerciali con i Russi. Ciò procura ad alcuni moltissime occasioni per arricchirsi, mentre l'impoverimento della maggioranza coincide con la appropriazione delle terre burlate da parte dei Russi. Ma i Buriati hanno l'abitudine (specialmente quelli Koudinsk) — e un'abitudine è più che una legge — che se una famiglia ha perduto il bestiame, le più ricche famiglie le diano alcune vacche e alcuni cavalli, perché possa risollevarsi. Quanto all'indigente che non ha famiglia, egli prende ì suoi pasti nelle capanne dei suoi congeneri; entra in una capanna, sì siede presso il fuoco — per diritto, non per carità —, prende parte al pasto che è sempre diviso in parti eguali, e dorme dove ha consumato il pasto della sera. In genere gli usi comunisti dei Buriati colpirono talmente i conquistatori russi della Siberia, che dettero loro il nome di « Bratskiye » — i fraterni —, e scrissero a Mosca: « Presso di loro tutto è in comune; tutto ciò che hanno lo dividono tra loro ». Ancora oggi, presso i Buriati, quando si tratta di vendere del grano o di inviare alcune bestie per essere vendute a un macellaio russo, le famiglie dell'oulous o della tribù, riuniscono il loro grano e le loro bestie e li vendono come un solo tutto. Ogni oulous ha, di più, del grano conservato perché sia pronto in caso di bisogno; ha il suo forno comunale (il forno solito degli antichi comuni francesi) e il suo fabbro ferraio, il quale, come il fabbro dei comuni dell'India, essendo un membro del comune non è mai pagato. Egli deve lavorare gratuitamente e se utilizza il suo tempo libero nel fabbricare piccole placche di ferro cesellato e argentato con cui i Buriati ornano i loro vestiti, può, all'occasione, venderne a una donna di un altro clan, mentre a quelle del suo clan, tali oggetti debbono essere regalati. Le vendite e gli acquisti non devono avvenire nel comune, e la regola è cosi severa che quando una famiglia ricca prende un lavoratore, questo deve essere preso in un altro clan o tra i Russi. Tale abitudine non è evidentemente particolare ai Buriati, ed essa è così diffusa tra i barbari moderni, Ariani o Uralo-Altaici, che doveva essere stata universale presso i nostri antenati. Il sentimento dell'unione all'interno della confederazione è mantenuto dagli interessi comuni della tribù, dalle assemblee comunali, dalle feste che avvengono contemporaneamente alle assemblee. Questo sentimento è conservato puro da un'altra istituzione, l'ABA, o caccia in comune che è reminiscenza di un passato antichissimo. Ogni autunno, le 46 tribù dei Koudinsk si riuniscono per questa caccia, il cui prodotto è diviso tra tutte le famiglie. Di più, delle ABAS nazionali sono convocate di tanto in tanto per affermare l'unità di tutte le nazioni buriate, che sono ripartite su centinaia di chilometri a ovest e ad est del lago Baikal; ciascuna è obbligata ad inviare i suoi cacciatori delegati. Migliaia di uomini si riuniscono e tutti portano, provviste per un intero mese. La parte di ciascuno deve essere uguale, prima di essere mischiata con le altre, e tutte le parti sono pesate da un antico eletto (sempre con la mano: le bilance sarebbero una profanazione dell'antico costume). Poi i cacciatori si dividono in bande di 20 e ciascuna banda se ne va a cacciare seguendo un piano prestabilito. In queste ABAS tutta la nazione buriata rivive le tradizioni epiche di un passato in cui una potente lega riuniva tutti i suoi membri. Aggiungiamo che simili caccie comunali sono del tutto abituali presso i Pellirosse e i Cinesi sulle rive dell'Ussuri (KADA). I Cabili, i costumi dei quali sono stati così ben descritti da due esploratori francesi, ci mostrano dei «barbari» già più progrediti nel campo dell'agricoltura. I loro campi irrigati e concimati, sono coltivati accuratamente, e nei terreni montagnosi, ogni pezzo dì terra coltivabile è trattato con la vanga. I Cabili hanno conosciuto molte peripezie nella loro storia; hanno adottato per un certo tempo la legge musulmana per le eredità, ma vi si abituavano male, sicché tornarono, cinquant'anni dopo, all'antica legge del costume delle tribù. Il possesso dei terreni ha presso di loro un carattere misto, e la proprietà privata fondiaria esiste accanto al possesso comunale. Attualmente la base della loro organizzazione è il comune rurale, il THADDART, che è formato in genere da parecchie famiglie composte (KHAROUBAS), rivendicanti una origine comune, ed anche da piccole famiglie straniere. Molti villaggi si raggruppano in clans o tribù (arch); parecchie tribù formano la confederazione (THAKELBIT); e parecchie confederazioni possono talvolta costituire una lega, specialmente quando si tratta dì armarsi per la difesa.

I Cabili non riconoscono altra autorità che quella della DJEMMAA o assemblea dei comuni rurali. Tutti gli uomini vi partecipano all'aria aperta, o in un edificio speciale fornito di sedili di pietra, e le decisioni della DJEMMAA sono prese all'unanimità, cioè le discussioni continuano finché tutti quelli che sono presenti accettano di sottomettersi a qualche decisione. Poiché non vi sono affatto autorità in un villaggio rurale, per imporre una decisione, tale sistema è stato usato dal genere umano dovunque si sono avuti dei comuni rurali, ancora vige là dove i comuni rurali continuano ad esistere, cioè tra parecchie centinaia di milioni di uomini.

La DJEMMAA nomina il potere esecutivo — l'anziano, lo scriba e il tesoriere —; fissa le imposte e dirige la ripartizione delle terre comunali e tutti i lavori di utilità pubblica. Molti lavori sono eseguiti in comune: strade, moschee, fontane, canali di irrigazione, torri alte per proteggersi dai saccheggi, recinti, etc. sono fatti dal comune; invece le grandi strade, le grandi moschee e le grandi piazze del mercato sono opera della tribù. Molti resti di coltivazione in comune continuano ad esistere e le case sono ancora costruite dappertutto con l'aiuto di uomini e donne del comune. L'uso degli « aiutanti » in genere è molto frequente; essi vengono chiamati per la coltivazione dei campi, la mietitura, etc. Quanto al lavoro professionale, ogni comune ha il suo fabbro, che gode della sua parte di terra del comune e lavora per questo; quando la stagione dei lavori si avvicina, questo operaio visita ogni casa e ripara gli strumenti e gli aratri senza richiedere nessun compenso. La costruzione di nuovi aratri viene considerata opera sacra che non si può assolutamente retribuire con denaro, né con nessuna altra forma di salario. Poiché i Cabili conoscono di già la proprietà privata, vi sono i poveri e i ricchi tra di loro. Ma come tutte le persone che vivono molto vicine le une alle altre e sanno come la povertà comincia, la considerano una sventura che può colpire chiunque. « Non dire che non porterai mai il sacco del mendicante e che non andrai mai in prigione », dice un proverbio dei contadini russi. I Cabili lo realizzano, e non si nota alcuna differenza di comportamento tra ricchi e poveri; quando il povero chiama un « aiutante », il ricco va a lavorarne il campo, esattamente come il povero fa a sua volta. Inoltre, le DJEMMAAS si riservano alcuni campi e giardini, talvolta coltivati in comune, per i membri più poveri. Molti simili costumi continuano a esistere.

Poiché le famiglie povere non possono comprare la carne, questa viene regolarmente acquistata con il denaro delle multe, o con i regali fatti alla DJEMMAA, oppure con il prodotto dei pagamenti fatti per l'uso dei tini comunali per produrre l'olio di oliva; e viene distribuita in parti eguali a quelli che non possono comprarla.

Quando un montone o un bue giovane è ucciso da una famiglia per suo uso e non è giorno di mercato, l'avvenimento viene annunciato per le strade da uno strillone del villaggio perché i malati e le donne incinte possano andarne a prendere quanto ne desiderano. Il mutuo appoggio si manifesta in ogni aspetto della vita dei Cabili; se uno di essi durante un viaggio all'estero, incontra un altro Cabilo in uno stato di bisogno, egli, dovesse pure perdere tutta la sua fortuna o la sua vita, lo aiuta; se non fa ciò, la DJEMMAA di quello che non è stato soccorso può querelare l'uomo egoista, ed essa riparerà immediatamente al danno.

Ogni straniero che entra in un villaggio cabilo ha diritto al riparo in inverno, e i suoi cavalli possono pascolare sulle terre comunali per 24 ore; ma in caso di necessità può contare in una assistenza praticamente illimitata. Cosi, durante la carestia

del 1867-68, i Cabili accolsero e nutrirono tutti quelli che cercavano rifugio presso i loro villaggi, senza distinzioni di origine. Nel distretto di Dellys, non meno di 12.000 persone, provenienti da tutte le parti dell'Algeria, ed anche dal Marocco, sono state nutrite cosi. Mentre in Algeria si moriva di fame, non vi fu neppure un caso di morte dovuto a questa causa nel territorio dei Cabili. Le DJEMMAAS, privandosi esse stesse del necessario, organizzarono dei soccorsi, senza chiedere mai aiuto al governo, e senza mai lamentarsi; essi consideravano ciò come un dovere naturale. Mentre tra i coloni europei si prendevano misure di polizia per impedire furti e disordine causati dalla affluenza degli stranieri, niente di simile fu necessario nel territorio dei Cabili: le DJEMMAAS non avevano affatto bisogno né di aiuto né di protezione dall'esterno. Non posso che citare brevemente due altri caratteri tra i più importanti nella vita dei Cabili; l'ANAYA o protezione assicurata dei pozzi, dei canali, delle moschee, delle piazze del mercato, di certe strade, etc., in caso di guerra, ed i COFS. Nell'AMAYA abbiamo una serie di istituzioni tendenti ad allevare i mali della guerra ed a prevenire i conflitti. Cosi la piazza del mercato è ANÀYA, soprattutto se situata su una frontiera e se mette in comunicazione i Cabili con gli stranieri; nessuno osa turbare la quiete del mercato, e se scoppia un tumulto, è immediatamente sedato da quelli che sono riuniti nella città del mercato. La strada che le donne percorrono per recarsi dal villaggio alla fonte è pure ANAYA in tempo di guerra, e cosi via. Quanto al COF è una forma molto diffusa di associazione, avente certi caratteri comuni con i BURGSCHAFTEN o GF.GIL-DEN del Medioevo.
Si tratta di società per la mutua protezione e per qualsiasi bisogno — intellettuale, politico e morale — che non può essere soddisfatto dall'organizzazione territoriale del comune, del clan, o della confederazione. Il COF non conosce limiti di territorio; recluta i suoi membri nei diversi villaggi, anche tra gli stranieri; e li protegge in tutte le circostanze avverse della vita. E' uno sforzo per aggiungere al raggruppamento territoriale un raggruppamento extraterritoriale con l'intenzione di rispondere alle affinità reciproche di ogni specie che si producono, senza riguardo ai confini. La libera associazione internazionale, che considerano come uno dei grandi progressi del tempo nostra, ha la sua origine nell'antichità barbara. I montanari del Caucaso ci offrono moltissimi esempi dello stesso genere, estremamente istruttivi. Nello studiare i. costumi attuali degli Osseti — le loro famiglie composte, la loro comunità e i loro concetti della giustizia —, Massimo Kovalevsky, in un'opera importante: « IL COSTUME MODERNO E LA LEGGE ANTICA », ha rintracciato, con metodo, le disposizioni
analoghe dei vecchi codici barbari ed ha colto con precisione le origini del

feudalesimo. Presso altri gruppi del Caucaso, talvolta vediamo come il comune rurale sia nato quando non discendeva dalla medesima tribù, ma si costituì per la volontaria unione di famiglie di origine distinta. Ciò fu recentemente il caso di alcuni villaggi Khevsuri i cui abitanti prestarono giuramento di «comunità e fraternità» . In un'altra regione del Caucaso, il Daghestan, vediamo crearsi relazioni feudali tra due tribù entrambe conservanti nello stesso tempo i loro comuni (ed anche delle tracce delle antiche classi della organizzazione per GENS); è un esempio vivente di ciò che è accaduto al tempo della conquista dell'Italia e della Gallia da parte dei barbari.

I LEZGHINI, che avevano conquistato parecchi villaggi georgiani e tartari nel distretto di Zakataly, non li ripartirono tra le famiglie dei conquistatori; costituirono un clan feudale che comprende oggi 12.000 focolari in tre villaggi e che possiede non meno di 20 villaggi georgiani e tartari in comune.

I conquistatori divisero le loro terre tra le loro tribù, e queste le divisero in parti eguali tra le proprie famiglie; ma non si immischiarono affatto nei DJEMMAA dei loro tributari i quali praticano ancora il seguente uso segnalato da Giulio Cesare: la DIEMMAA decide annualmente quale parte di territorio comune deve essere coltivato; tale spazio è diviso in tante parti quante sono le famiglie, e le parti sono sorteggiate. E' degno di nota che, mentre si incontra un certo numero di proletari tra i LEZGHINI (che vivono sotto un regime di proprietà privata per le terre e di proprietà comune per i servi), essi sono rari tra i loro servi georgiani che continuano a possedere le loro terre in comune.

Il diritto abituale dei montanari del Caucaso è simile a quello dei Longobardi, o dei Franchi Salici, e parecchie delle sue disposizioni servono a comprendere la procedura giudiziaria degli antichi barbari. Poiché hanno un carattere molto impressionabile, fanno tutto il possibile per evitare che le liti abbiano una soluzione funesta. Sicché, presso i Khivsurì le spade vengono subito snudate quando sorge una lite; ma se una donna si lancia e getta subito tra i combattenti il fazzoletto che porta in testa, le spade rientrano subito nel fodero e la lite cessa.

L'acconciatura del capo della donna è ANAYA. Se una lite non viene troncata in tempo e termina con un omicidio, la somma da pagare in compenso è così notevole, che l'aggressore è totalmente rovinato per tutta la vita, a meno che non venga adottato dalla famiglia offesa; se ha ricorso alla spada in una lite di nessuna importanza ed ha prodotto ferite perde per sempre la considerazione della sua tribù.

In tutte le dispute vi sono intermediari che si incaricano di accomodare l'affare: essi scelgono i giudici tra i membri del clan: sei per le piccole questioni, e dieci o quindici per le più gravi. Gli osservatori russi attestano l'assoluta incorruttibilità dei giudici. Il giuramento ha tale valore che tutti gli uomini che godono la stima generale sono dispensati dal prestarlo: basta una semplice affermazione, tanto più che nelle questioni gravi, il Khivsuro non esita mai a riconoscere la sua colpevolezza (parlo, ben inteso, del Khivsuro che non è ancora stato toccato dalla civiltà). Il giuramento è riservato per certi casi, quali le controversie relative alla proprietà, in cui si tratta di fare un certo apprezzamento, in aggiunta alla semplice constatazione dei fatti; in tali occasioni gli uomini la cui affermazione deve decidere della disputa, agiscono con la massima circospezione. In generale, non è certo la mancanza di onestà o di rispetto dei diritti dei loro congeneri che caratterizza le società barbare del Caucaso.

Le popolazioni dell'Africa offrono un così grande elenco di società estremamente interessanti, comprendenti tutti i gradi intermedi, dal comune rurale primitivo alle monarchie barbare e dispotiche, che sono costretto a abbandonare l'idea di citarne i risultati, sia pure sintetici, di uno studio comparato, delle loro istituzioni. Basti dire che anche sotto il più terribile dispotismo dei loro piccoli re, le assemblee dei comuni, attenendosi al diritto del costume, restano sovrane per una parte degli affari importanti. La legge dello Stato permette al re dì mandare a morte chiunque, per un semplice capriccio, o semplicemente per soddisfare la sua ghiottoneria; ma il diritto del costume del popolo continua a mantenere la rete di istituzioni di mutuo appoggio che si ritrovano presso altri barbari o che sono esistite presso i nostri antenati. Presso alcune tribù più favorite (nel Bornu, Uganda, Abissìnia, e specialmente presso i Bogos) certe disposizioni del diritto del costume denotano dei sentimenti veramente gentili e aggraziati. I comuni rurali degli indigeni delle due Americhe hanno lo stesso carattere.

Si è scoperto che i Tupi del Brasile vivono nelle « lunghe case » occupate da clans interi coltivanti in comune i loro campi di frumento o di manioca. Gli Arani, di una civiltà molto più progredita, avevano pure l'abitudine di coltivare i loro campi in comune; ed è lo stesso per gli Oucaga, Ì quali, sotto un regime di comunismo primitivo e di « lunghe case », avevano imparato a costruire buone strade e a coltivare varie industrie domestiche, sviluppate quanto quelle del principio del Medioevo in Europa.

Tutte queste popolazioni vivevano sotto il regime del diritto del costume simile a quello degli esempi dati nelle precedenti pagine.

A un'altra estremità della terra troviamo il feudalismo malese, ma tale feudalità è impotente a distruggere i NEGARIAS, o comuni rurali dei quali ciascuno possiede in società una parte del terreno, e che, quando si presenta la necessità, fanno distribuzioni di terre fra i diversi NEGARIAS della tribù. Presso gli Alfuri di Minabasa troviamo l'avvicendamento comunale dei raccolti; presso le tribù indiane dei Wyandot abbiamo le ridistribuzioni periodiche delle terre nella tribù, e la coltivazione da parte dei clans; in tutte le parti di Sumatra dove le istituzioni musulmane non hanno distrutta del tutto l'antica organizzazione, troviamo la famiglia composta (SOJKA) e il comune rurale (KOTA) che conserva il diritto sulle terre, anche se una parte di questa terra è stata dissodata senza la sua autorizzazione. Ritroviamo, cioè, tutti i costumi per proteggersi reciprocamente e per prevenire i litigi e le guerre, costumi che sono stati brevemente indicati nelle pagine precedenti come caratteristici del comune rurale. Si può dire anche che quanto più il costume del possesso in comune della terra è stato mantenuto nella sua integrità, più miti e migliori sono le abitudini. De Stuers afferma che presso le tribù in cui l'istituzione del comune rurale è stata meno snaturata dai conquistatori, vi è minore disuguaglianza di condizione e minore crudeltà, anche nella prescrizione della legge del taglione. AI contrario, dovunque il comune rurale è stato dissolto, « gli abitanti banno sofferto la più terribile oppressione dai loro dispotici padroni». E ciò è perfettamente naturale. Quando il Waitz rileva che le tribù che hanno conservato le loro confederazioni tribali posseggono uno sviluppo più elevato e una letteratura più ricca delle tribù che hanno perduto i loro vincoli di unione, non fa che constatare quanto poteva essere preveduto. Nuovi esempi ci porterebbero a noiose ripetizioni, tanto è visibile la somiglianza tra le società barbare sotto tutti i climi e presso tutte le razze. Lo stesso processo evolutivo si è compiuto in tutto il genere umano con una meravigliosa analogia. Quando l'organizzazione in clans fu attaccata dall'interno della famiglia separata e dall'esterno dallo smembramento delle tribù emigranti e la necessità di ammettere degli stranieri di diversa discendenza, allora il comune rurale, basato su un concetto territoriale, fece la sua apparizione. Questa nuova apparizione, che è derivata naturalmente dalla precedente — il clan — permise ai barbari di attraversare un periodo burrascoso della loro storia senza venire dispersi in famiglie isolate che avrebbero soggiaciuto alla lotta per la vita.

Nuove forme di coltivazione si sviluppano sotto la nuova organizzazione; l'agricoltura raggiunse uno sviluppo raramente superato fino ad oggi; le industrie domestiche furono portate ad un alto grado di perfezione. I deserti furono conquistati, furono attraversati da strade e popolati da gruppi di gente usciti come sciami dalle comunità di origine. Si crearono dei mercati e si costruirono delle fortificazioni, come pure dei santuari per il culto comune. Il concetto di una più larga unione estesa ad intere popolazioni di diverse origini fu lentamente elaborato. L'antica concezione della giustizia che conteneva solo un'idea di vendetta, subì una lenta e profonda modificazione: la riparazione del danno causato si sostituì alla vendetta. La legge del costume che è ancora oggi la legge della vita quotidiana per più dei due terzi del genere umano, fu elaborata sotto questa organizzazione, come pure un sistema di abitudini tendenti ad impedire l'oppressione delle masse da parte della minoranza, la potenza della quale ingrandiva in proporzione delle facilità offerte all'accumulazione delle ricchezze particolari. Tale fu la nuova forma che presero le tendenze delle masse verso il mutuo appoggio. E il progresso — economico, intellettuale e morale — che il genere umano compì sotto questa nuova forma popolare di organizzazione fu così grande, che gli Stati, costituitisi più tardi, presero semplicemente possesso, nell'interesse della minoranza, di tutte le funzioni giudiziarie, economiche, amministrative esercitate precedentemente, nell'interesse di tutti dal comune rurale.

www.ingramcontent.com/pod-product-compliance
Lightning Source LLC
Chambersburg PA
CBHW070303290526
45791CB00003B/1067